LEÇONS ANALYTIQUES

DE

LECTURE A HAUTE VOIX

PAR

M. EMM. LE MAOUT

D. M. P.

Professeur de Sciences naturelles et de Littérature.

4ᵉ ÉDITION.

PARIS

LIBRAIRIE ÉLÉMENTAIRE DE E. DUCROCQ,

Rue Hautefeuille, 10.

1852

LEÇONS ANALYTIQUES

DE

LECTURE A HAUTE VOIX.

LEÇONS ANALYTIQUES

DE

LECTURE A HAUTE VOIX

PAR

M. EMM. LE MAOUT

D. M. P.

Professeur de Sciences naturelles et de Littérature.

4ᵉ ÉDITION.

PARIS

LIBRAIRIE ÉLÉMENTAIRE DE E. DUCROCQ,
Rue Hautefeuille, 10.

1852

INTRODUCTION.

———o———

« *On lit mal en France*, disent les Italiens; *les
Français possèdent un idiome fixé par d'impérissables
chefs-d'œuvre; cet idiome est précis, énergique, har-
monieux même, malgré ses muettes et ses nasales; et,
quand ils lisent ou parlent en public, la diction, chez
la plupart, manque de prosodie et d'accent.* » Voilà
ce qu'on dit de nous, au delà des monts. Peut-être
ces peuples, doués d'une sensibilité musicale si ex-
quise, exagèrent-ils l'importance des plaisirs de l'o-
reille : mais, convenons-en, tout homme, un peu
lettré, qui aura assisté à une tragédie du Théâtre-
Français, ou au sermon d'un prédicateur en vogue,
ou à une discussion dans les Chambres, ou même à
une séance de l'Académie, sentira que la langue de
Racine et de Bossuet pourrait être parlée avec plus
d'euphonie et de justesse; et tout naturellement il
en conclura que, à une époque aussi éminemment

1

parlementaire que la nôtre, quand l'Enseignement public, élargissant et consolidant chaque jour ses bases, est l'objet de tant de vœux et d'espérances, l'art de la *diction* doit avoir part aux sollicitudes de l'Université.

Quelques personnes, heureusement organisées. diront peut-être, « *A quoi bon un art de lire ? Il n'y a qu'à lire* NATURELLEMENT ; *on a lu avec goût avant qu'il y eût des professeurs de diction.* » — Rien n'est plus vrai ; comme il est vrai, aussi, qu'il y avait d'habiles chanteurs avant qu'il y eût des professeurs de chant : on peut même poser, comme une vérité incontestable que, dans tous les arts, les préceptes sont venus après les modèles, et que les Poëtes, les Orateurs, les grands écrivains ont précédé les Rhéteurs et les Grammairiens.

Mais si la théorie a été formulée après l'apparition des modèles, est-ce a dire que ceux qui ont donné ces modèles soient restés étrangers à la théorie ? — Non, sans aucun doute ! Le *poëte*, l'*orateur*, le *musicien*, le *lecteur* n'ont pu réussir qu'à la condition d'observer les règles, que leur révélait le sentiment inné du vrai : ils les avaient découvertes en étudiant leurs propres impressions, en les comparant à celles qu'ils produisaient sur les autres, et ils s'imposaient ces règles à leur insu. On peut donc dire, en ce qui concerne la diction, que celui qui *lit bien*, lors même qu'il n'a pas eu de maître, *lit avec art*. Or, cet art n'est pas donné à tous, ou, plutôt tous n'ont pas la force de volonté nécessaire pour le trouver sans le secours d'autrui : il faut donc que cet art leur soit enseigné.

Mais, dira-t-on, *les méthodes ne manquent pas ; il y a des professeurs de déclamation, de débit oratoire, d'éloquence parlée ; et l'art de lire n'en est pas plus avancé.* — La raison en est bien simple, c'est qu'*il n'y a pas de véritable méthode de diction ;* nous avons sous ce titre des recueils de prose et de vers, où toutes les syllabes sont notées comme de la musique ; nous avons des Traités d'anatomie illustrée, renfermant la physiologie du larynx et des muscles de la langue, qui sont la paraphrase, très-peu comique, de la fameuse leçon donnée au *Bourgeois Gentilhomme ;* nous avons des Rhétoriques, où sont développés les préceptes de l'*Éloquence,* mais non pas ceux de la *Diction ;* nous avons enfin des *commentaires,* où sont étudiés, phrase par phrase (comme Batteux l'a fait pour La Fontaine), les pensées et les sentiments de l'auteur. Ces commentaires ont leur utilité, mais ils sont loin d'être suffisants.

Les inventeurs de ces prétendues méthodes sont des professeurs, qui ont suivi des tragédiens ou des orateurs célèbres, et qui transmettent leurs souvenirs à ceux qui les écoutent. Ils disent : *Voici comme il faut lire,* et la plupart lisent très-bien ; mais aucun n'explique les procédés qu'il emploie pour bien lire.

En un mot, leur enseignement, au lieu d'être une analyse raisonnée, est simplement une *tradition*. Tous recommandent d'*articuler nettement*, d'*éviter la précipitation* et *les intonations fausses*, de *couper convenablement les phrases*, de *mettre dans le débit une expression conforme à la nature du sujet*, etc.; mais qu'apprennent à l'élève ces généralités, si le maître ne lui explique pas analytiquement *pourquoi* telle syllabe doit être énoncée d'une voix forte ou faible, d'un ton grave ou aigu; *pourquoi* telle liaison doit être supprimée; *pourquoi* tel mot doit être séparé de ses voisins par un silence, quoiqu'il n'y ait ni point ni virgule? Ces préceptes généraux, n'étant pas féconds par l'analyse, se réduisent à des lieux communs, que l'élève s'est répétés cent fois avant d'entendre son professeur.

Les méthodes en question, qui s'annoncent comme *nouvelles*, *abrégées*, *simplifiées*, étant uniquement traditionnelles, n'ont de valeur qu'entre les mains de ceux qui les exploitent, et elles deviennent des priviléges exclusifs, qui n'aident guère aux progrès de l'enseignement. Et cependant les règles de l'art existent... Est-il donc impossible de les formuler, et d'asseoir sur leur ensemble une méthode digne de ce nom, c'est-à-dire une *méthode que tout le monde puisse enseigner et pratiquer?*

Qu'il nous soit permis d'établir un rapprochement entre la *diction* et la *musique*. Pourquoi la musique, vocale et instrumentale, est-elle arrivée au point de perfection où nous la voyons aujourd'hui? C'est que l'enseignement de cet art est basé sur l'analyse. L'élève, surveillé par un maître consciencieux, ne peut soustraire à la critique de celui-ci le moindre détail de son exécution. Il faut : 1° qu'il *articule* nettement chaque note ; 2° qu'il lui conserve la *valeur relative* qu'elle possède dans la mesure ; 3° qu'il la *lie* avec la note suivante, ou qu'il l'en détache, suivant les indications données ; 4° qu'il observe exactement les divers *silences* qui séparent les parties de la phrase ; 5° qu'il chante ou joue *juste* ; 6° enfin, qu'il exprime les *forté* et les *piano* marqués par le compositeur. Ces conditions remplies, l'exécution musicale est complète.

Or, les conditions de la *lecture* sont précisément les mêmes que celles dont nous venons de faire l'énumération. Quelles sont-elles en effet? ce sont 1° l'ARTICULATION, qui consiste à prononcer nettement les *consonnes* ; 2° la PROSODIE, qui donne aux *voyelles* le son et la durée convenables ; 3° la LIAISON, qui unit la consonne finale avec la voyelle initiale du mot suivant ; 4° la PONCTUATION, qui établit les repos nécessaires à l'intelligence du sujet ; 5° l'INTONATION, qui assigne à chaque syllabe le son *grave* ou *aigu* qui lui convient ; 6° l'ACCENT OU EXPRESSION, qui n'est autre chose que le *forté* et le *piano* de la lecture.

Que faut-il pour remplir ces conditions? un esprit

analytique, le sentiment du vrai, et une oreille juste.
Nous devons en conclure que tout professeur de l'U-
niversité, depuis la Sixième jusqu'à la Rhétorique,
est capable, s'il n'a pas l'oreille absolument fausse,
de donner à ses élèves d'excellentes leçons de *lec-*
ture à haute voix.

Articulation. — Il y a peu de règles bien précises à établir sur l'*articulation* et sur la *prosodie*,
qui sont les éléments matériels de la lecture. L'articulation est assez généralement uniforme en France.
On n'observe de diversité que dans l'énonciation des
consonnes redoublées (horreur, *apparition*, *addi-*
tion, *consommateur*.), de l'*h* aspiré et de l'*ll* mouillé.
— Quant aux vices de prononciation, ils tiennent
à des habitudes d'enfance, ou à une conformation
défectueuse des organes de la parole. Nous ne dis-
serterons pas sur les moyens de guérir le *bégaiement*,
le *grasseyement*, la *lallation* (foulchette pour fourchette); la *vélitation* (pvaivie pour prairie); le *mo-*
gilalisme (figeon pour pigeon, vouton pour bouton);
le *nazillement*, le *bredouillement*, la *pharyngophonie*
ou prononciation gutturale, etc. Ces défauts excep-
tionnels demandent une éducation spéciale, et il
ne doit être ici question que des mauvaises habitudes qui cèdent à une volonté persévérante. La plus
commune est celle de lire trop rapidement : elle
vient, pour l'ordinaire, de ce que les yeux, lisant

plus vite que la bouche ne peut articuler, celle-ci précipite ses mouvements pour ne pas rester en arrière. Le seul moyen de remédier à ce défaut, est de s'astreindre pendant quelque temps à prononcer toutes les syllabes avec une *excessive lenteur*, et, de plus, avec une force, qui peut, sans aucun inconvénient, aller jusqu'à la dureté.

Prosodie. — La *prosodie*, dont tous les peuples méridionaux ont l'instinct, et à laquelle les Italiens doivent en grande partie la supériorité de leur musique; la prosodie, si négligée dans le chant français, se fait cependant sentir dans notre parler ordinaire; mais le peu de règles qui déterminent la *longueur* ou la *brièveté* relative des syllabes, sont sujettes à des exceptions si nombreuses, qu'il est plus sûr de s'en rapporter à l'usage. Or ici se présente une difficulté insurmontable. De quelle province faut-il adopter la prosodie? La langue d'*oil* a prévalu sur la langue d'*oc*; mais où prendrons-nous le type prosodique de la première? Sera-ce en Picardie, en Normandie, en Anjou, en Touraine, en Bretagne? Sera-ce à Paris, cité multiple, habitée par plusieurs castes, essentiellement disparates de mœur et de langage?

Ce n'est pas seulement sur la *durée* des voyelles qu'il y a désaccord; c'est aussi sur le son qui leur convient : les *è* ouverts, et les voyelles doubles qui

leur correspondent (*ai*, *ei*); les *o*, les *au*, les voyelles nasales *an*, *in*, *ien*, *on*, *un*, *oin*, diffèrent con-
sidérablement chez les peuples du nord et chez ceux
du midi de la France.

☞ Il y aurait à entreprendre sur cette partie du
langage un labeur de patience et d'érudition, qu'on
soumettrait au jugement de l'Académie, lequel aurait force de loi, et donnerait enfin de l'homogé-
néité à la prosodie française. La *durée* des syllabes
serait indiquée dans les dictionnaires par les signes - ◡ ◡, dont se servaient les anciens pour dési-
gner les *longues*, les *brèves* et les *douteuses* : c'est
ce qu'a essayé le savant abbé d'Olivet, dans un
Traité de *prosodie française*, qui fut vivement ap-
prouvé par Voltaire. En ce qui concerne le *son* des
voyelles, il est très facile d'indiquer par un signe
quelconque : les *o* à timbre clair (honneur, robe,
homme); les *o* et *au* à timbre sourd (nos tra*vaux*, v*os*
*au*tels maudits); les *eu* à timbre clair (pleurs, œuf,
heure); les *eu* à timbre sourd (pleutre, œufs, affreux).

Les *e ouverts* (*è*, *ê*, *ai*, *ei*) le sont plus ou moins,
indépendamment des accents grave ou circonflexe
(princesse, paresse, la *Reine* est à *Rennes*, j'aim*ais*,
il aim*ait*, ils aim*aient*.)

Les *e muets* méritent-ils leur qualification ? — Si
l'on lit de la prose, les syllabes finales seules sont
muettes, c'est-à-dire qu'elles sont *soufflées* plutôt que

vocalisées ; mais toutes les autres syllabes muettes doivent être entendues, bien qu'elles aient une valeur infiniment moindre que celle des *è* ouverts et des *é* fermés. C'est surtout dans la lecture des vers qu'il faut les énoncer, parce que, malgré leur brièveté, elles comptent dans la mesure, et que l'oreille doit entendre toutes les syllabes qui composent le vers. (La syllabe muette qui termine les vers féminins doit seule être énoncée par le souffle et non par la voix). Il y a d'ailleurs un moyen bien simple de faire sentir l'*e* muet, sans lui donner trop de valeur : c'est d'appuyer un peu sur la syllabe précédente ou sur la suivante ; on peut alors passer rapidement sur l'*e* muet : il y a, en quelque sorte, compensation pour l'oreille.

— Trembl*e*, m'a-t-ell*e* dit, fill*e* dign*e* de moi
— Le jour n'est pas plus pur que le fond d*e* mon cœur.
— Press*e*, pleur*e*, gémis ; peins-lui Phèdr*e* mourante.

Liaison. — La *liaison*, qui unit la consonne finale d'un mot avec la voyelle initiale du mot suivant, *doit toujours être soumise à la loi d'euphonie.* Quand cette loi commande de supprimer la liaison, il suffit d'observer un court silence entre les deux mots, ou bien d'appuyer un peu sur le premier.

— La *mort* / a des rigueurs à nulle autre pareilles.
— De ce fleuve profond le *bord* / est escarpé.
— ..... O douleur, *non* / encore éprouvée !

— Il serpente, et s'enfonce en un loin*tain* / obscur.

— Pourquoi d'un *an* / entier l'avons-nous différée ?

— A l'honneur qu'il m'a fait ajoutez-*en* / un autre,

    Joignons d'un nœud sacré ma mai*son* / et la vôtre.

— Pour les jeunes héros le dan*ger* / a des charmes.

Ponctuation. — La *ponctuation* est l'art d'observer les repos nécessaires à l'intelligence du sujet, *que ces repos soient indiqués, ou non, par des points et des virgules.*

☞ Il y a donc, outre la ponctuation *écrite*, une ponctuation *sous-entendue*, qui réclame du lecteur une attention vigilante, et forme la partie la plus difficile de l'art de lire. Pour vaincre cette difficulté, le lecteur doit se rappeler sans cesse qu'*il lit, non pour lui, mais pour ceux qui l'écoutent :* c'est une véritable idée fixe, qu'il ne doit pas éloigner un seul instant de son esprit, et qui est la condition indispensable du succès.

Voici les cas indiqués par l'expérience, où la ponctuation *sous-entendue* doit être mise en usage.—Pour éviter la confusion, nous prendrons pour signes les soupirs, demi-soupirs, quarts de soupir, employés dans l'écriture de la musique, et connus de tout le monde : ⸪ ⸲ ⸻

1° Les *inversions*, en changeant l'ordre naturel de la phrase, exigent de l'auditeur un surcroît d'attention : cette attention est trop peu excitée par un débit régulièrement continu ; mais si, avant l'inversion, un court silence interrompt le débit, cette suspension inattendue est un avertissement subit, qui éveille l'esprit de l'auditeur, et le prépare à saisir le sens de la phrase qu'on va lui faire entendre.

— Viens-tu , du Dieu vivant braver la majesté ?
— Moïse , à Pharaon parut moins formidable.
— Le reste , pour son Dieu montre un oubli fatal.
— Le grand-prêtre , vers moi s'avance avec fureur.

Si le mot qui précède l'inversion se termine par une syllabe longue, cette *tenue* équivaut à un silence.

Déjà , de *traits* en l'air s'élevait un nuage...

2° Lorsque le *sujet* de la phrase désigne un personnage important ou nouveau ; lorsque le *verbe* exprime une action intéressante ou imprévue , lorsque les *compléments* , soit directs, soit indirects, énoncent des circonstances ou des pensées propres à émouvoir l'auditeur ; en un mot, lorsque ces diverses parties du discours sont plus *significatives* que le reste de la phrase, il faut, pour les mettre en relief, placer des silences après le sujet, avant le verbe et avant les compléments. C'est un artifice très-simple, qui, tenant l'auditeur en suspens, fait qu'il redouble d'attention pour ce qui va suivre.

— Soudain *Harlay* , se lève , et demande audience.
— Un *savetier* , chantait , du matin jusqu'au soir.

— Le *lion* , tint conseil. — L'*âne* , vint à son tour.
— Le sang de vos rois *crie* , et n'est point écouté.
— Le muet , lui *répond ;* l'infirme , *court* vers lui.
— De ce spectacle affreux votre fille alarmée ,
   Voyait pour elle *Achille* , et contre elle *l'armée.*
— Qu'un peuple tout entier, tant de fois triomphant ,
   N'eût daigné conspirer , que *la mort d'un enfant.*
— Ces pieux fainéants veillaient , *à bien dîner.*
— A l'extrémité de la salle , une ouverture , pratiquée
   la veille dans le mur, conduisait *de plain-pied ,* à
   l'échafaud tendu de noir. (Mort de Charles Ier.)
— Eh ! qu'ai-je besoin de vos suffrages, qui me damne-
   raient peut-être , *sans vous sauver ?...* (Missionnaire
   Bridaine.)

3° Lorsqu'il y a *ellipse,* c'est-à-dire suppression
d'un ou de plusieurs mots qui seraient nécessaires
pour la régularité de la construction, il faut que le
lecteur se conduise comme dans les cas d'inversion,
c'est-à-dire, qu'il remplace par un silence les mots
sous-entendus.

— Je t'aimais inconstant : qu'eussé-je fait , *fidèle !*
— La peine se prescrit ; mais la honte , *jamais.*

4° Lorsque le sujet, ou le verbe, ou le complé-
ment, est un *monosyllabe,* il faut l'accompagner ou
le précéder d'un silence, afin que l'auditeur ne le
confonde pas avec le mot suivant ou précédent. Le
lecteur, qui a sous les yeux les mots séparés, est

à l'abri de toute équivoque, mais l'auditeur ne peut juger que par ses oreilles.

— De peur de l'écouter, *Pan*, fuit dans les roseaux.
— *Nul* n'a vu tous ses jours filés d'or et de soie.
— Après quelques moments, l'appétit, *vint ;*
— Des députés du peuple *rat*
  Cherchaient quelque secours contre le peuple *chat.*
— Ma main repoussa l'*or* qu'il m'osait proposer.
— Dans le fond de mon cœur je laissais Emma, *lire.*

5° Les termes surannés, les tournures vieillies, les expressions peu usitées, les mots faisant *hiatus* ou cacophonie, doivent être séparés les uns des autres par de courts silences : sans cette précaution, le sujet sera inintelligible pour l'auditeur.

— Lorsque Maillard, juge d'enfer, menait
  A Montfaucon Samblançay, l'âme rendre,
  A votre advis, lequel des deux, tenait
  Meilleur maintien ? Pour vous le faire entendre,
  Maillard, semblait homme, que mort va prendre,
  Et Samblançay fut si ferme vieillard,
  Qu'on eût cuidé pour vrai, qu'il menait pendre
  A Montfaucon le lieutenant Maillard.

— Tel, comme dit Merlin, cuide enseigner autrui, etc.
— Il alla à Amiens — Le roi arriva la tête haute —
— Il avait un ton humble—J'ai voulu, unir ces amants.
— Non, il n'est rien que Nanine, n'honore.
— Je déteste ta dignité dédaigneuse.

☞ **6°** L'art de *couper* les vers est la conséquence

2

des règles précédentes. Dans la versification, il arrive souvent que le sens indique le repos, immédiatement après l'hémistiche ; il faut alors couper les vers en deux parties égales ; mais il arrive souvent aussi (et, sans cela, la versification française serait d'une insupportable uniformité) que le sens indique la coupe du vers, soit dès les premières syllabes, soit vers la fin, soit en plusieurs endroits à la fois. Dans tous les cas, il faut *régler les silences sur le sens, et non sur l'hémistiche* : les repos indiqués par celui-ci se reproduisent d'ailleurs assez souvent pour faire sentir la mesure, qui domine toujours dans l'ensemble du débit. Cet artifice, si simple, dont l'emploi ne demande qu'un peu de raisonnement, conserve les avantages du rhythme, et en évite les inconvénients.

Le ciel , laissa tomber un atome de sable
Sur le géant , que tous jugeaient impérissable ;
L'aigle , sans Dieu , perdant son foudre accoutumé ,
S'abima dans la nue , et tout , fut consommé.
— Je devrais , faire ici parler la vérité ,
Seigneur, mais je supprime un secret , qui vous touche.
— Seigneur, dans cet aveu , dépouillé d'artifice ,
J'aime à voir , que du moins vous vous rendiez justice ,
Et que , voulant bien , rompre un nœud , si solennel ,
Vous vous abandonniez au crime , en criminel.

Intonation. — L'intonation est l'art de donner à chaque syllabe le son *aigu* ou *grave* qui lui convient. De tous lés défauts qui peuvent l'altérer, le plus commun est la *monotonie* ; c'est aussi le plus difficile à corriger, parce qu'il provient d'habitudes d'enfance, prises dans les écoles primaires. La didactique de l'intonation se réduit pourtant à une règle bien simple : quelle que soit la nature du sujet, *l'intonation doit être celle du langage ordinaire* : il suffit de *traduire* mentalement la phrase en style familier, et d'appliquer le ton naturel de celui-ci au morceau qu'on veut lire. *L'intonation n'est donc réellement qu'une réminiscence;* mais comme ces réminiscences ou *traductions* ne sont pas faciles pour tout le monde, on peut suppléer à l'inexpérience de l'élève, en lui indiquant les sons *aigus* et les sons *graves* par des signes particuliers.

Grétry disait qu'on peut copier par les notes de la gamme toutes les inflexions de la parole. Un homme de lettres, qui en niait la possibilité, vint chez lui, pour parler plus à fond sur cette matière. En entrant dans le cabinet du musicien, il lui dit, en le saluant, avec un petit ton de protection : *bonjour, Monsieur.* — Grétry nota à l'instant ses inflexions, et les lui chanta sur le même ton.

Quelques professeurs de déclamation, pénétrés de

la justesse des observations de Grétry, en ont exagéré les conséquences : ils ont noté toutes les syllabes avec *clef*, *portée*, *dièzes*, *bémols*, etc. Nous pensons que ce procédé n'est que l'abus d'un bon principe, et que son moindre inconvénient est d'effacer *l'individualité* du lecteur : il y a une intonation générale, à laquelle tout le monde doit se conformer, mais les détails d'importance secondaire doivent être modifiés suivant le caractère et la voix de chacun.

☞ Il suffit donc, dans un exercice de lecture, de noter seulement les syllabes principales de chaque phrase ; mais, loin de leur assigner une intonation *absolue*, on doit se borner à indiquer le degré *relatif* d'élévation ou de gravité, qui les distingue les unes des autres : or les signes les plus simples qu'on puisse employer sont des petites flèches, dont la pointe, dirigée en bas ou en haut, indique une syllabe plus grave ou plus aiguë que celles qui l'accompagnent ou la précèdent.

Je suis tombé ; l'orgueil m'a plongé dans l'abîme.

☞ Il est important de faire observer que les flèches semblables n'indiquent pas nécessairement des sons semblables : si cela était, la lecture deviendrait une psalmodie fatigante et ridicule. Les notes, hautes ou basses, le sont plus ou moins, et c'est au sentiment du lecteur à les graduer.

La même observation s'applique aux syllabes *non notées*, qui sont intermédiaires entre les *hautes* et les *basses*, indiquées par des flèches : l'art de les nuancer échappe à toute règle précise, et n'est simplement qu'une *réminiscence*.

☞ Ici se présente une observation, précieuse dans la pratique : l'expérience a démontré que la voix s'élève ou s'abaisse au-dessus ou au-dessous de son *medium*, en faisant *alterner* les notes hautes et les notes basses, de manière à conserver pour le corps de la phrase un diapason à peu près invariable. Il su'fit, pour s'en assurer, de s'écouter parler, ou d'écouter une autre personne. Cette *loi d'alternance des sons graves et aigus*, fondée sur la nature des organes de l'ouïe et de la voix, ne souffre qu'un très-petit nombre d'exceptions.

L'une des plus grandes difficultés de l'*intonation* est la position de la *note interrogative*, qui est presque toujours *aiguë*. Dans les phrases courtes. on les place ordinairement sur la dernière syllabe ; dors-tu? as-tu soupé?) mais, si la phrase est plus longue, la note interrogative devient difficile à saisir. Il faut alors, en s'aidant du sentiment et de l'analyse, chercher le mot sur lequel porte principalement l'interrogation, et choisir dans ce mot la syllabe qui doit être notée *interrogativement*. Si les interrogations se succèdent, la difficulté se complique, et l'on a de

plus à craindre de tomber dans la monotonie. On
en jugera par les exemples suivants :

— Ah ! si du fils d'Hector la perte était jurée,
Pourquoi d'un an entier l'avons-nous différée ?
Dans le sein de Priam n'a-t-on pu l'immoler ?
— Est-ce là, dira-t-il, cette fière Hermione ?
— Mais parle : de son sort qui t'a rendu l'arbitre ?
Pourquoi l'assassiner ? Qu'a-t-il fait ? A quel titre ?
Qui te l'a dit ?
— Mais d'où vient que mon cœur frémit d'un saint effroi ?
Est-ce l'esprit divin qui s'empare de moi ?

Accent. — L'*accent* est l'élément le plus important de la lecture à haute voix. On attache à ce mot
des idées différentes ; mais il ne s'agit pas ici des
mouvements de la voix qui s'élève et s'abaisse (dans
ce cas, *accent* serait synonyme d'*intonation*) : nous
ne voulons parler que de l'accent oratoire, qui indique, non pas le son matériel de la syllabe ; mais la
valeur morale qu'elle possède, le sens qu'elle forme
dans la phrase. Ainsi l'intonation caractérise la pensée ; l'accent seul exprime le sentiment ; l'intonation
élève ou abaisse la voix ; l'accent la fortifie ou l'affaiblit, la durcit ou l'amollit, l'enfle ou la rétrécit, il

va même jusqu'à l'aigrir ; enfin il lui fait subir toutes les modifications qu'un musicien habile peut obtenir de son instrument. L'accent, en effet, est, comme nous l'avons dit, le *forte* et le *piano* de la lecture ; mais ce *piano*, ce *forte*, que l'artiste seul sait rendre ce n'est pas son intelligence, c'est son âme seule qui le lui révèle : de même un lecteur intelligent pourra bien donner à son débit une intonation convenable ; mais, s'il est dépourvu de sensibilité, son accent sera sec et froid, et sa diction imparfaite.

Toutes les phrases, même dans le style tempéré, contiennent un ou deux mots *dominants*, sur lesquels doit appuyer le lecteur ; ce n'est même ordinairement qu'une seule syllabe qu'on doit accentuer dans ce mot dominant : on peut l'indiquer à l'élève en la soulignant.

> J'ai *s*enti **tout** à coup un homicide acier
> Que le *tr*aître **en** mon sein a *pl*ongé **tout** entier.

Les signes divers que nous venons d'indiquer suffisent pour guider le lecteur : les *longues*, les *brèves*, les *soupirs* et *demi-soupirs*, les flèches *ascendantes* ou *descendantes*, le *soulignement* des syllabes, lui indiquent, sans surcharger le texte, la *prosodie*, la *ponctuation*, l'*intonation* et l'*accent* : c'est réellement alors que l'écriture, suivant l'heureuse expression du poëte,

> est l'art ingénieux
> De peindre la parole et de parler aux yeux,

Et, par les traits divers de figures tracées,
De donner la couleur et la forme aux pensées.

Voici quelques phrases *prosodiées, ponctuées, notées* et *accentuées* : toute personne qui les lira avec attention, et s'écoutera lire, comprendra sur-le-champ l'importance de la *ponctuation sous-entendue*, et de la loi, si simple et si éminemment pratique, qui fait *alterner* les syllabes aiguës et les syllabes graves.

Ŭn paūvrĕ bŭchĕrŏn, toŭt coŭvĕrt dĕ rămĕe,

Soŭs lĕ faïx dŭ făgŏt, aŭssĭ biĕn quĕ dĕs ăns,

Gĕmĭssănt ĕt coŭrbé, mărchaït à pās pĕsānts,

Ĕt tàchaït, dĕ găgnĕr să chaŭmĭne ĕnfūmee ;

Ĕnfĭn, n'ĕn poŭvănt plŭs, d'effŏrts ĕt dĕ *doŭleūr*,

Ĭl mĕt bās sŏn făgŏt, il sŏnge à sŏn *mălheūr*.

Quĕl plaïsīr ă-t-ĭl eŭ, dĕpuĭs qu'il ĕst aŭ mŏnde?

Ĕn ĕst-ĭl ŭn, plŭs *paūvre*, ĕn lă măchĭne rŏnde?

Poïnt dĕ païn, quĕlquĕfoĭs, ĕt *jămaīs* dĕ rĕpōs !

. . . .

Ŭn lièvre, ĕn sŏn gîtĕ, sŏngeaït,

Căr, quĕ faïre ĕn ŭn gîte, à moĭns quĕ l'ŏn nĕ sŏnge?

Dăns ŭn prŏfŏnd ĕnnuï, cĕ lièvrĕ, sĕ plŏngeaït :

Cĕt ănĭmăl ⸚ ĕst *trĭ*ste, ĕt lă craĭntĕ lĕ *rŏ*nge.

Lĕs gĕns dĕ nătŭrĕl peŭreŭx ⸚

Sŏnt, dĭsaĭt-ĭl, bĭen *mă*lheŭreŭx.

. . . .

Aĭnsĭ raĭsŏnnaĭt ⸚ nŏtre lĭèvre,

Ĕt cĕpĕndănt ⸚ faĭsaĭt lĕ guĕt

Ĭl ĕtaĭt *dŏ*ŭteŭx, ĭnquĭĕt ;

Ŭn soŭffle, ŭne ŏmbre, ŭn *rĭ*ĕn, *tŏ*ŭt ⸚ luĭ dŏnnaĭt lă fĭèvre.

. . . .

Dans ce rapide aperçu, les règles de l'*art de lire*
ont été ramenées à leur plus simple expression : ce
ne sont pas de vagues généralités, ce sont des for-
mules précises, qui s'appliquent et suffisent à tous
les détails de la diction. L'art de lire, on a pu le
voir, se réduit à une analyse grammaticale et litté-
raire. Son enseignement n'exige donc pas de professeurs spéciaux, et peut être annexé avec succès,
dans les colléges, à l'enseignement de la Grammaire
et des Humanités : c'est à ce seul titre que la méthode dont nous venons d'exposer les principes réclame l'attention de tous ceux qui se consacrent à
l'instruction de la jeunesse.

AVERTISSEMENT.

Nous croyons indispensable de rappeler au lecteur ce que nous avons dit sur la véritable valeur à donner aux signes de l'intonation. Les petites flèches, dirigées en haut ou en bas, indiquent seulement une syllabe plus grave ou plus aiguë que celles qui l'accompagnent ou la précèdent. Nous devons, en outre, faire observer que les flèches semblables ne demandent pas nécessairement des sons semblables ; si cela était, la lecture deviendrait une psalmodie fatigante et ridicule. Les notes, hautes ou basses, le sont *plus ou moins*, et c'est au sentiment du lecteur à les graduer.

La même observation s'applique aux syllabes *non notées*, qui sont intermédiaires entre les *hautes* et les *basses* indiquées par des flèches : l'art de les nuancer échappe à toute règle précise, et n'est simplement qu'une *réminiscence* du langage ordinaire.

FABLES

DE

LA FONTAINE.

LE LOUP ET LE CHIEN.

Ŭn loŭp, n'ăvaĭt quĕ lĕs ōs̄ ĕt lă peăŭ,

Tănt lĕs chiĕns faĭsaĭent bŏnnĕ gărde.

Cĕ loŭp, rĕncŏntre ŭn dŏgue, aŭssĭ puĭssănt quĕ beaŭ,

Grăs, pŏlĭ, quĭ s'ĕtaĭt foŭrvoўĕ, păr mégărde.

L'ăttăquĕr, lĕ mĕttre ĕn quărtiĕrs,

Sīrĕ loŭp, l'eût faĭt vŏlŏntiĕrs :

Maĭs ĭl făllaĭt, lĭvrĕr bătaĭlle ;

Ĕt lĕ mătĭn, étaĭt dĕ taĭlle

Ă sĕ défĕndrĕ, hărdĭmĕnt.

Lĕ loŭp, dŏnc, l'ăbŏrde hŭmblĕmĕnt,

Ĕntre ĕn prŏpŏs, ĕt luĭ faĭt cŏmplĭmĕnt, 7

Sŭr sŏn ĕmbŏnpoĭnt 7 qu'ĭl ădmĭre.

Ĭl nĕ tiĕndră qu'ă voŭs, beău Sĭre,

D'ètre aŭssĭ grās quĕ moĭ, luĭ rĕpărtĭt lĕ chiĕn.

Quĭttĕz lĕś boĭs, voŭs fĕrĕz biĕn :

Vŏs păreĭls ў sōnt mĭsérăbles,

Căncrĕs, hĕrĕs, ĕt paŭvrĕs diăbles,

Dŏnt lă cŏndĭtĭŏn 7 ēst dĕ moŭrĭr dĕ faĭm.

Căr 7 quoĭ ! riĕn d'ăssŭrĕ ! poĭnt dĕ *frănchĕ lĭpĕc* !

Toŭt 7 à lă *poĭntĕ* dĕ l'épée !

Suĭvĕz-moĭ, voŭs aŭrĕz ŭn *biĕn* meĭlleŭr dĕstĭn.

Lĕ loŭp 7 rĕprĭt : Quĕ mĕ faŭdră-t-ĭl faĭre ?

Prĕsquĕ riĕn, dĭt lĕ chiĕn : dŏnnĕr lă chăsse 7 aŭx gĕns

Pŏrtănt bàtŏns ĕt mĕndĭánts ;

Flăttĕr 7 ceŭx dŭ lŏgĭs, à sŏn maĭtre cŏmplaĭre :

Mŏyĕnnănt quoĭ 7 vŏtrĕ sălaĭre 7

Sĕră 7 *fŏrcĕ* rĕliĕfs 7 dĕ toŭtĕs lĕs făçŏns,

Ōs dĕ poŭlĕts, ūs dĕ pĭgeŏns ;

Săns părlĕr 7 dĕ *m*aĭnte cărĕsse.

Lĕ loŭp 7 déjă 7 sĕ fŏrge ŭnĕ félĭcĭté 7

Quĭ lĕ faĭt 7 *pleŭrĕr* dĕ tĕndrĕsse.

Chĕmĭn faĭsănt, ĭl vĭt lĕ coŭ dŭ chĭĕn 7 pĕlĕ :

Qu'ĕst cĕlă ? luĭ dĭt-ĭl, — Rĭĕn. — Quoĭ ! rĭĕn ! — Peŭ dĕ chŏse.

Maĭs ĕncŏr ? — Lĕ cŏllĭĕr 7 dŏnt jĕ suĭs ăttăchĕ 7,

Dĕ cĕ quĕ voŭs vŏyĕz ĕst peŭt-êtrĕ lă caŭse. —

Ăttăchĕ ! dĭt lĕ loŭp : voŭs nĕ coŭrĕz dŏnc păs

Où voŭs voŭlĕz ? — Păs toŭjoŭrs : maĭs qu'ĭmpŏrte ? —

Ĭl ĭmpŏrtĕ sĭ bĭĕn, quĕ dĕ toŭs vŏs rĕpăs,

Jĕ nĕ veŭx ĕn aŭcŭnĕ sŏrte,

Ĕt nĕ voŭdraĭs păs même 7 à cĕ prĭx 7 ŭn trĕsŏr.

Cĕlă dĭt, maître loŭp 7 s'ĕnfuĭt 7 ĕt coŭrt ĕncŏr.

LE SAVETIER ET LE FINANCIER.

Ŭn săvĕtĭĕr 7 *chăntaĭt*, dŭ *mătĭn* jŭsqu'aŭ soĭr :

C'étaĭt *mĕrveĭllĕ* 7 dĕ lĕ voĭr,

Mĕrveĭllĕ ⸲ dĕ l'ouïr ; ĭl faĭsaĭt dĕs păssăges,

Plŭs cŏntĕnt ⸲ qu'aŭcŭn dĕs sĕpt săges.

Sŏn voĭsĭn, aŭ cŏntraĭre, étánt toŭt coŭsŭ d'ŏr,

Chăntaĭt ⸲ peŭ, dŏrmaĭt ⸲ moĭns ĕncŏr :

C'étaĭt ⸲ ŭn hŏmmĕ dĕ fĭnánce,

Sĭ . sŭr lĕ poĭnt dŭ joŭr ⸲ părfoĭs ĭl sŏmmeĭllaĭt,

Lĕ săvĕtiĕr ⸲ ălŏrs ĕn chăntănt l'éveĭllaĭt :

Ĕt lĕ fĭnánciĕr sĕ plaĭgnaĭt ⸲

Quĕ lĕs soĭns dĕ lă Prŏvĭdĕnce ⸲

N'eŭssĕnt păs ⸲ aŭ mărché faĭt vĕndrĕ ⸲ lĕ dŏrmĭr ⸲

Cŏmmĕ lĕ mängĕr ⸲ ĕt lĕ boĭre.

Ĕn sŏn hôtĕl ĭl faĭt vĕnĭr

Lĕ chănteŭr, ĕt luĭ dĭt : ŏr çă, sĭrĕ Grégoĭre,

Quĕ găgnĕz-voŭs păr ăn? Păr ăn ! mă foĭ, mŏnsieŭr,

Dĭt ăvĕc ŭn tŏn dĕ rieŭr

Lĕ gaĭllărd săvĕtiĕr, cĕ n'ĕst poĭnt mă mănière ⸲

Dĕ cŏmptĕr dĕ lă sŏrte ; ĕt jĕ n'ĕntăssĕ guére

Ŭn joŭr sŭr l'aŭtre : ĭl sŭffĭt ⸲ qŭ'à lă fĭn ⸲

J'ăttrăpĕ lĕ boŭt dĕ l'ănnée :

Chăquĕ joŭr ămĕnĕ sŏn paĭn.

Ĕh biĕn ! quĕ găgnĕz-voŭs, dĭtĕs-moĭ, păr joŭrnee ?

Tăntôt plŭs, tăntôt moĭns : lĕ măl ⁊ ĕst quĕ ⁊ toŭjoŭrs,

(Et saus cĕlă ⁊ nŏs gaĭns sĕraĭent ăssĕz hŏnnêtes),

Lĕ măl ĕst quĕ ⁊ dăns l'ăn s'ĕntrĕmèlĕnt dĕs joŭrs

Qu'ĭl faŭt chômĕr ; ŏn noŭs rŭĭne ĕn fêtes :

L'ŭnĕ ⁊ faĭt tŏrt à l'aŭtre ; ĕt Mŏnsĭeŭr lĕ cŭré ⁊

Dĕ quĕlquĕ noŭveău saĭnt *chărgĕ* toŭjoŭrs sŏn prône.

Lĕ fĭnăncĭĕr, rĭant dĕ să năĭvĕté,

Luĭ dit : Jĕ veŭx voŭs mĕttre aŭjoŭrd'huĭ ⁊ săr lĕ trône.

Prenĕz cĕs cĕnt ĕcŭs : gărdĕz-lĕs ăvĕc soĭn,

Poŭr voŭs ĕn sĕrvĭr aŭ bĕsoĭn.

Lĕ săvĕtĭĕr ⁊ crŭt voĭr toŭt l'ărgĕnt ⁊ quĕ lă tèrre

Ăvaĭt, dĕpuĭs plŭs dĕ cĕnt ăns,

Prŏduĭt poŭr l'ŭsăgĕ dĕs gĕns.

Ĭl rĕtoŭrne chĕz luĭ : dăns să căve ĭl ĕnsèrre ⁊

L'ărgĕnt, ĕt să *joĭe* à lă foĭs.

Plŭs dĕ chant : ĭl pĕrdĭt lă voĭx ⁊

Dŭ mŏmĕnt qu'ĭl găgnă ⁊ cĕ quĭ caŭsĕ nŏs peĭnes ;

Lĕ sŏmmeĭl ⁊ quĭttă sŏn lŏgĭs ;

Ĭl eŭt poŭr hôtĕs , lĕs soŭcĭs,

Lĕs soŭpçŏns, lĕs ălărmĕs vaĭnes.

Toŭt lĕ joŭr , ĭl ăvaĭt l'œĭl aŭ guĕt : ĕt , lă nuĭt ,

Sĭ quĕlquĕ chăt , faĭsaĭt dŭ bruĭt,

Lĕ chăt , prĕnaĭt l'ărgĕnt. Ă lă fĭn , lĕ paŭvre hŏmme ,

S'ĕn coŭrŭt chĕz cĕluĭ qu'ĭl nĕ réveĭllaĭt plŭs :

Rĕndĕz-moĭ, luĭ dĭt-ĭl, mĕs *chănsŏns* ĕt mŏn sómme,

Ĕt *rĕprĕnĕz* vŏs cĕnt écŭs.

LE CHAT, LA BELETTE ET LE PETIT LAPIN.

Dŭ pălaĭs d'ŭn jeŭnĕ lăpĭn ,

Dămĕ *bĕlĕtte* , ŭn beău mătĭn ,

S'ĕmpără ; c'ĕst ŭnĕ *rŭsée.*

Lĕ maître étănt ăbsĕnt, cĕ luĭ fŭt , chŏse aĭsée.

Ĕllĕ pŏrtă chĕz luĭ sĕs pénătĕs , ŭn joŭr ,

Qu'ĭl étaĭt ăllé , faĭre à l'aŭrŏrĕ să coŭr,

Părmĭ lĕ thўm , ĕt lă rŏsée.

Ăprés qu'ĭl eŭt broŭté, tròtté, faĭt toŭs sĕs toŭrs,

Jĕannŏt lăpĭn ⁊ rĕtoŭrne aŭx soŭtĕrraĭns séjoŭrs.

Lă bĕlĕtte ⁊ ăvaĭt mĭs lĕ nēz à lă fĕnètre.

Ō diēux hŏspĭtălĭĕrs ! quĕ voĭs-je ⁊ ĭcĭ păraître ?

Dĭt l'ănĭmăl ⁊ chăssé dŭ pătĕrnĕl lŏgĭs.

Hŏlă ! Mădămĕ lă bĕlĕtte,

Quĕ l'ŏn dĕlŏgĕ ⁊ săns trŏmpĕtte,

Ŏu jĕ vaĭs ăvĕrtĭr toŭs lĕs rāts dŭ păўs.

Lă dăme aŭ nĕz *poĭntŭ* ⁊ répŏndĭt ⁊ quĕ lă tĕrre ⁊

Ètaĭt aŭ prĕmĭĕr ŏccŭpănt :

C'étaĭt ŭn *beău* sŭjĕt dĕ guĕrre,

Qu'ŭn lŏgĭs ⁊ où luĭ-même ĭl n'ĕntraĭt qu'ĕn *rămpānt* !

Ĕt quănd cĕ sĕraĭt ŭn rŏyăume,

Jĕ voŭdraĭs biĕn săvoĭr, dĭt-ĕllĕ, quĕlle loĭ ⁊

Ĕn ă poŭr toŭjoŭrs faĭt l'ŏctroĭ ⁊

Ă Jeăn, fĭls oŭ nĕveŭ dĕ Piĕrre pū dĕ Guĭllaŭme,

Plŭtôt qu'à Paŭl, plŭtôt qu'à moĭ.

Jeăn lăpĭn ⁊ ălléguă ⁊ lă coŭtŭme ĕt l'ŭsăge :

Cĕ sŏnt, dĭt-ĭl, leŭrs loĭs quĭ m'ŏnt ⁊ dĕ cĕ lŏgĭs

Rĕndŭ ⸖ maître ĕt seĭgneŭr, ĕt quĭ, dĕ père ĕn fĭls,

L'ŏnt ⸖ dĕ Piĕrre à Sĭmŏn, puĭs à moĭ ⸖ Jeăn ⸖ trănsmĭs.

Lĕ prĕmiĕr ŏccŭpănt, ĕst-ce ŭnĕ loĭ ⸖ plŭs săge ?

Ŏr biĕn, săns criĕr dăvăntăge,

Răppŏrtŏns-noŭs, dĭt-ĕlle, à Rŏmĭnăgrŏbĭs.

C'étaĭt ŭn *chăt* ⸖ vĭvănt cŏmme ŭn *dévŏt* ĕrmĭte,

Ŭn *chăt* ⸖ faĭsănt lă *chăttĕmĭte*,

Ŭn saĭnt hŏmmĕ dĕ *chăt*, biĕn *foŭrré*, *grŏs* ĕt *grās*,

Ărbĭtre ĕxpĕrt sŭr toŭs lĕs căs.

Jeăn lăpĭn ⸖ poŭr jŭgĕ l'ăgrée.

Lĕs voĭlă ⸖ toŭs deŭx ărrĭvés

Dĕvănt să măjĕsté ⸖ foŭrrée.

Grĭppĕmĭnaŭd ⸖ leŭr dĭt : Mes ĕnfănts, ăpprŏchĕz,

Ăpprŏchĕz ; jĕ suĭs soŭrd, lĕs ăns ĕn sŏnt lă caŭsĕ.

L'ŭn ĕt l'aŭtre ăpprŏchă, nĕ craĭgnănt nŭllĕ chŏse.

Ăussĭtôt ⸖ qu'à pŏrtée ĭl vĭt lĕs cŏntĕstănts,

Grĭppĕmĭnaŭd ⸖ lĕ bŏn ăpôtre ⸖

Jĕtănt dĕs deŭx côtes lă grĭffe ⸖ ĕn mêmĕ tĕmps,

Mĭt lĕs plaĭdeŭrs d'ăccŏrd ⸖ ĕn crŏquănt ⸖ l'ŭn ĕt l'aŭtre.

L'HOMME ET LA COULEUVRE.

Ŭn hŏmmĕ ᷄ vĭt ŭnĕ coŭleŭvre ;
Ah ! méchānĭĕ, dĭt - ĭl, jĕ m'ĕn vaĭs faīre ŭne œŭvre ᷄
Ăgrĕăble, à toŭt l'ŭnĭvērs !
Ă cĕs mŏts ᷄ l'ănĭmăl pĕrvĕrs ᷄
(C'ĕst lĕ sĕrpĕnt quĕ jĕ veŭx dīre,
Ĕt nŏn l'hŏmme ; ŏn poŭrraĭt aĭsĕmĕnt s'ў trŏmpĕr),
Ă cĕs mŏts ᷄ lĕ sĕrpĕnt, sĕ laĭssănt ăttrăpĕr,
Ĕst prĭs, mĭs ĕn ŭn săc ; ĕt, cĕ quĭ fŭt lĕ pīre,
Ŏn rĕsŏlŭt să mŏrt, fût-ĭl coŭpăble ᷄ oŭ nŏn.
Ăfĭn dĕ lĕ paўĕr toŭtĕfoĭs dĕ raĭsŏn,
L'aŭtrĕ ᷄ luĭ fĭt cĕttĕ hărăngue :
Sўmbŏlĕ dĕs ĭngrăts ! êtrĕ bŏn ᷄ aŭx méchănts,
C'ĕst êtrĕ sŏt ; meŭrs dŏnc : tă cŏlère ĕt tĕs dĕnts
Nĕ mĕ nuĭrŏnt jămaĭs. Lĕ sĕrpĕut, ĕn să lăngue,
Rĕprĭt dŭ mĭĕux qu'ĭl pŭt : S'ĭl făllaĭt cŏndămnĕr
Toŭs lĕs ĭngrăts quĭ sŏut aŭ mŏnde,
Ă quĭ ᷄ poŭrraĭt-ŏn părdŏnnĕr ?

Toĭ-mĕmĕ , tŭ tĕ faĭs tŏn prŏces : Jĕ mĕ fŏnde

Sŭr tĕs prŏprĕs lĕçŏns ; jĕtte lĕs yĕux sŭr toĭ :

Mĕs joŭrs sŏnt ĕn tĕs maĭns, trănchĕ-lĕs ; tă jŭstĭce ,

C'ĕst tŏn ŭtĭlĭté ; tŏn plăisĭr, tŏn căprĭce :

    Sĕlŏn cĕs loĭs, cŏndămnĕ-moĭ ;

    Maĭs troŭvĕ bŏn , qu'ăvĕc frănchĭse ,

    En moŭrănt , aŭ moĭns jĕ tĕ dĭse ,

    Quĕ lĕ sỹmbŏlĕ dĕs ĭngrăts ,

Cĕ n'ĕst poĭnt lĕ sĕrpĕnt, c'ĕst l'hŏmmĕ. Cĕs părŏles ,

Fĭrĕnt ărrĕtĕr l'aŭtre ; ĭl rĕcŭlă d'ŭn păs.

Enfĭn , ĭl rĕpărtĭt : Tĕs raĭsŏns sŏnt frĭvŏles.

Jĕ poŭrraĭs dĕcĭdĕr, căr , cĕ droĭt , m'ăppărtĭĕnt ;

Maĭs răppŏrtŏns-noŭs-ĕn. Soĭt faĭt, dĭt lĕ rĕptĭle.

Ŭnĕ văche , étaĭt lă : l'ŏn l'ăppĕlle, ĕllĕ vĭĕnt :

Lĕ căs ĕst prŏpŏsé. C'étaĭt , chŏsĕ făcĭle :

Făllaĭt-ĭl , poŭr cĕlă, dĭt-ĕllĕ, m'ăppĕlĕr ?

Lă coŭleŭvre ă raĭsŏn : poŭrquŏĭ dĭssĭmŭlĕr ?

Jĕ noŭrrĭs cĕluĭ-cĭ , dĕpuĭs lŏnguĕs annees ;

Ĭl n'ă , săns mĕs bĭĕnfaĭts , păssé nŭllĕs joŭrnées ;

Toŭt , n'ĕst quĕ poŭr luĭ seŭl ; mŏn laĭt , ĕt mĕs ĕnfants ,

Lĕ fŏnt ⸗ à lă maĭsŏn rĕvĕnĭr ⸗ lĕs maĭns pleĭnes :

Mēmĕ j'aĭ rétăblĭ să sănté, quĕ lĕs ăns

Ăvaīent ăltérée ; ĕt mĕs peĭnes ⸗

Ŏnt poŭr bŭt ⸗ sŏn plaĭsīr ⸗ aĭnsĭ quĕ sŏn bĕsŏĭn.

Ĕnfĭn ⸗ mĕ voĭlă viĕille ; ĭl mĕ laĭsse ⸗ ĕn ŭn coĭn ⸗

Săns hĕrbe : s'ĭl voŭlaĭt ĕncŏr mĕ laĭssĕr paître !

Maĭs jĕ suĭs ăttăchée : ĕt sĭ j'eŭsse eŭ poŭr maître ⸗

Ŭn sĕrpĕnt, eût-ĭl sŭ jămaĭs ⸗ poŭssĕr sĭ loĭn ⸗

L'ĭngrătĭtŭdĕ ? Ădiĕu : j'aĭ dĭt ⸗ cĕ quĕ jĕ pĕnse.

L'hŏmmĕ ⸗ toŭt étŏnné d'ŭnĕ tĕllĕ sĕntĕnc ,

Dĭt aŭ sĕrpĕnt : Faŭt-ĭl croĭrĕ cĕ qu'ĕllĕ dĭt ?

C'ĕst ŭnĕ rădŏteŭse ; ĕllĕ ă pĕrdŭ l'ĕsprĭt.

Crŏyŏns cĕ bœŭf. Crŏyŏns, dĭt lă rămpăntĕ bête.

Aĭnsĭ dĭt, aĭnsĭ faĭt. Lĕ bœŭf ⸗ viĕnt à păs lĕnts.

Quănd ĭl eŭt rŭmĭné toŭt lĕ căs ĕn să tête,

Ĭl dĭt ⸗ quĕ dŭ lăbeŭr dĕs ăns ⸗

Poŭr noŭs seŭls ĭl pŏrtaĭt lĕs soĭns lĕs plŭs *pĕsănts,

Părcoŭrănt ⸗ săns cĕssĕr ⸗ cĕ lŏng cĕrclĕ dĕ peĭnes ⸗

Quĭ, rĕvĕnănt sŭr soĭ, rămĕnaĭt dăns nŏs plaĭnes ⸗

Cĕ quĕ Cérès noŭs dŏnne, ĕt *vĕnd aŭx ănĭmaŭx ;

Quĕ cĕttĕ suītĕ dĕ trăvaŭx ,

Poŭr récŏmpĕnse, ăvaīt , dĕ toŭs tănt quĕ noŭs sŏmmes,

Fŏrcĕ coŭps, peŭ dĕ gré ; puīs, quănd ĭl étaīt vieŭx,

Ŏn crŏyaīt l'hŏnŏrĕr , chăquĕ foīs quĕ lĕs hŏmmes ,

Ăchĕtaīent dĕ sŏn săng l'ĭndŭlgĕnce dĕs dieŭx.

Aīnsĭ părlă , lĕ bœŭf L'hŏmmĕ dĭt : Faīsŏns taīre

Cĕt ĕnnŭyeŭx *déclămăteŭr* ;

Ĭl chĕrchĕ dĕ *grănds* mŏts, ĕt vĭent īcĭ , sĕ faīre ,

Aŭ lieŭ d'ărbĭtre , ăccŭsăteŭr.

Jĕ lĕ récŭse aŭssĭ. L'ărbre , étănt prĭs poŭr jŭge,

Cĕ fŭt biĕn prĭs ĕncŏre. Ĭl sĕrvaīt dĕ rĕfŭge ,

Cŏntrĕ lĕ chaŭd, lă pluīe, ĕt lă fŭreŭr dĕs vĕnts :

Poŭr noŭs seuls , ĭl ŏrnaīt lĕs jărdĭns ĕt lĕs chămps :

L'ŏmbrăge , n'étaīt păs lĕ seŭl biĕn qu'ĭl sût faīre :

Ĭl coŭrbaīt soŭs lĕs fruīts. Cĕpĕndănt , poŭr sălaīre ,

Ŭn rŭstrĕ , l'ăbăttaīt : c'étaīt lă sŏn loўĕr ;

Quoīquĕ, pĕndănt toŭt l'ăn, lĭbérăl , ĭl noŭs dŏnne ,

Oŭ dĕs fleŭrs aŭ prĭntĕmps , oŭ dŭ fruīt ĕn aŭtŏmne ;

L'ŏmbrĕ, l'été ; l'hĭvĕr, lĕs plaīsĭrs dŭ foўĕr.

Quĕ nĕ l'émŏndaīt-ŏn, săns prĕndrĕ lă cŏgnée ?

Dĕ sŏn tĕmpérămĕnt ⸗ ĭl eût ĕncŏr vécŭ.

L'hŏmmĕ, troŭvănt maŭvaĭs quĕ l'ŏn l'eût cŏnvaĭncŭ,

Voŭlŭt ⸗ à toŭtĕ fŏrce ⸗ ăvoĭr ⸗ caŭsĕ găgnéĕ.

Jĕ suĭs *biĕn bŏn*, dĭt-ĭl, d'écoŭtĕr cĕs *gĕns-là* !

Dŭ săc ĕt dŭ sĕrpĕnt aŭssĭtŏt ĭl dŏnnă

      Cŏntrĕ lĕs mŭrs, tănt ⸗ qu'ĭl tŭă lă bête.

      On ĕn ŭse aĭnsĭ ⸗ chĕz lĕs grands ;

Lă raĭsŏn ⸗ lĕs ŏffĕnse ; ĭls sĕ mĕttĕnt ĕn tête

Quĕ toŭt ⸗ ĕst né poŭr eŭx, quădrŭpèdes ĕt gĕns ⸗

      Ĕt sĕrpĕnts.

      Sĭ quĕlqu'ŭn dĕssĕrrĕ lĕs dĕnts,

C'ĕst ŭn sŏt. J'ĕn convĭĕns, maĭs ⸗ quĕ faŭt-ĭl dŏnc faĭre ?

      Părlĕr dĕ loĭn, oŭ biĕn ⸗ sĕ taĭre.

LA MORT ET LE BUCHERON.

Ŭn paŭvrĕ bŭchĕrŏn, toŭt coŭvĕrt dĕ rămée,

Soŭs lĕ faĭx dŭ făgŏt ⸗ aŭssi biĕn quĕ dĕs ăns ⸗

Gĕmĭssănt ĕt coŭrbé, mărchaĭt à păs *pĕsants*,

Ĕt tâchaĭt ⸝ dĕ gägnĕr să chaŭmĭne ĕnfŭmée.

Ĕnfĭn ⸝ n'ĕn poŭvănt plŭs ⸝ d'ĕffŏrts ĕt dĕ *doŭleŭr,*

Ĭl mĕt băs sŏn făgŏt, ĭl sŏnge à sŏn *mălheŭr.*

Quĕl plaĭsĭr ă-t-ĭl eŭ ⸝ dĕpuĭs qu'ĭl ĕst aŭ mŏnde?

Ĕn ĕst-ĭl ŭn ⸝ plŭs *paŭvre* ĕn lă măchĭnĕ rŏnde?

Poĭnt dĕ paĭn ⸝ quĕlquĕfoĭs, ĕt *jămaĭs* dĕ rĕpŏs !

Să fĕmmĕ, sĕs ĕnfănts, lĕs sŏldăts, lĕs ĭmpôts,

    Lĕ *crĕănciĕr* ⸝ ĕt lă *cŏrvée* ⸝

Luĭ fŏnt ⸝ d'ŭn *mălheŭreŭx* lă peĭntŭre ⸝ ăchĕvée.

Ĭl ăppĕllĕ ⸝ lă mŏrt. Ĕllĕ viént ⸝ săns tărdĕr,

    Luĭ dĕmăndĕ ⸝ cĕ qu'ĭl faŭt faĭrĕ :

    C'ĕst, dĭt-ĭl, ăfĭn dĕ m'aĭdĕr

A rĕchărgĕr ⸝ cĕ boĭs ; tŭ nĕ tărdĕrăs gŭère.

     Le trépăs viĕnt toŭt guérĭr ;

     Maĭs nĕ boŭgeŏns d'où noŭs sŏmmes :

     Plŭtôt soŭffrĭr quĕ moŭrĭr,

     C'ĕst lă dĕvĭsĕ dĕs hŏmmes.

LES ANIMAUX MALADES DE LA PESTE.

Ŭn măl , quĭ répănd lă tĕrreŭr,

Măl , quĕ lĕ cĭĕl , ĕn să fŭreŭr ,

Ĭnvĕntă , poŭr pŭnīr lĕs crĭmĕs dĕ lă tĕrre,

Lă pĕstĕ (puĭsqu'ĭl faŭt l'ăppĕlĕr păr sŏn nŏm),

Căpăblĕ , d'ĕnrĭchīr ĕn ŭn joŭr l'Ăchérŏn,

Faĭsaĭt aŭx ănĭmaŭx , lă guĕrre.

Ĭls nĕ moŭraīent păs toŭs, maĭs toŭs étaīent frăppés :

Ŏn n'ĕn vŏyaĭt poĭnt , d'ŏccŭpés

Ă chĕrchĕr , lĕ soŭtiĕn d'ŭnĕ moŭrāntĕ vīe ;

Nŭl mĕts , n'ĕxcĭtaĭt leŭr ĕnvīe :

Nĭ loŭps, nĭ rĕnărds , n'épĭaīent

Lă doŭce ĕt l'ĭnnŏcĕntĕ proīe ;

Lĕs toŭrtĕrĕllĕs sĕ , fuўaīent :

Plŭs d'ămoŭr, părtănt , plŭs dĕ joīe :

Lĕ lĭŏn , tĭnt cŏnseĭl, ĕt dĭt : Mĕs chĕrs ămĭs,

Jĕ croĭs , quĕ lĕ cĭĕl , ă pĕrmĭs ,

Poŭr nŏs péchés , cĕttĕ ĭnfŏrtŭne.

4

Quĕ lĕ plŭs coŭpăblĕ dĕ noŭs ?

Sĕ săcrĭfĭe aŭx traĭts dŭ célĕstĕ coŭrroŭx :

Peŭt-étre ? ĭl ŏbtiĕndră ? lă guérĭsŏn ? cŏmmŭne.

L'hĭstoĭre , noŭs ăpprĕnd ? qu'ĕn dĕ tĕls ăccĭdĕnts ?

Ŏn faĭt dĕ părĕĭls dévoŭemĕnts.

Nĕ noŭs *flăttŏns* dŏnc poĭnt ; vŏyŏns , săns ĭndŭlgĕnce ,

L'étăt dĕ nŏtrĕ cŏnscĭĕnce.

Poŭr moĭ, sătĭsfaĭsănt mĕs ăppétĭts gloŭtŏns,

J'aĭ dévŏré ? *fŏrcĕ* moŭtŏns.

Quĕ m'ăvaĭent-ĭls faĭt ? nŭlle ŏffĕnse ;

Mème ĭl m'ĕst ărrĭvé quĕlquĕfoĭs , dĕ măngĕr ,

Lĕ bĕrgĕr.

Jĕ mĕ dévoŭeraĭ dŏnc, s'ĭl lĕ faŭt : maĭs jĕ pĕnse ?

Qu'ĭl ĕst bŏn , quĕ chăcŭn s'ăccŭse , aĭnsĭ quĕ moĭ ;

Căr ŏn doĭt , soŭhaĭtĕr, sĕlŏn toŭtĕ jŭstĭce,

Quĕ lĕ plŭs coŭpăblĕ , périsse.

Sĭrĕ, dĭt lĕ rĕnărd, voŭs étĕs trŏp bŏn roĭ ;

Vŏs scrŭpŭlĕs ? fŏnt voĭr trŏp dĕ délĭcătĕsse.

Ĕh biĕn ! măngĕr ? moŭtŏns, cănaĭllĕ, sŏttĕ ĕspèce,

Ĕst-ce ŭn péché ? — Nŏn, nŏn. Voŭs leŭr fîtĕs, sĕigneŭr,

Ĕt lĕs crŏquănt, *beăucoŭp* d'hŏnneŭr :

Ĕt , quănt aŭ bĕrgĕr, l'ŏn peŭt dïrc ,

Qu'ïl étaït , dïgnĕ dé toŭs maŭx,

Ĕtănt dĕ cĕs gĕns-lă , quï , sŭr lĕs ănïmaŭx

Sĕ fŏnt ŭn *chïmérïque* ĕmpïre..

Aïnsï , dït lĕ rĕnărd ; ĕt *flătteŭrs* d'ăpplaŭdïr.

Ŏn n'ŏsă trŏp ăpprŏfŏndïr ,

Dŭ tïgrĕ, nï dĕ l'oŭrs, nï dĕs aŭtrĕs puïssănces ,

Lĕs moïns părdŏnnăblĕs ŏffĕnses :

Toŭs lĕs gĕns quĕrĕlleŭrs, jŭsqu'aŭx sïmplĕs matïns,

Aŭ dïrĕ dĕ chăcŭn , étaïent dĕ pĕtïts saïnts.

L'ănĕ , vïnt ă sŏn toŭr, ĕt dït : J'aï soŭvĕnănce ,

Qu'ĕn ŭn pré , dĕ moïnĕs, păssănt,

Lă faïm, l'ŏccăsïŏn, l'hĕrbĕ tĕndre, ĕt , jĕ pĕnsc,

Quĕlquĕ diăble , aŭssï , mĕ poŭssănt,

Jĕ tŏndïs , dĕ cĕ pré , lă lărgeŭr dĕ mă lăngue ;

Jĕ n'ĕn ăvaïs nŭl droït, puïsqu'ïl faŭt părlĕr nct.

Ă cĕs mŏts, ŏn crïă *hărŏ* sŭr lĕ baŭdĕt.

Ŭn loŭp , quĕlquĕ peŭ clĕrc , proŭvă păr să hărăngue ,

Qu'ïl făllaït dévoŭĕr , cĕ *maŭdït* ănïmăl,

Cĕ pĕlé, cĕ gălĕŭx, d'oŭ vĕnaĭt toŭt leŭr măl.

Să pĕccădĭllĕ ⸗ fŭt jŭgée ŭn cās pĕndăble.

Măŭgĕr l'hĕrbĕ d'aŭtruĭ ! quĕl *crĭme* ⸗ ăbŏmĭnāble !

Riĕn ⸗ quĕ lă mōrt ⸗ n'étaĭt 'căpăble

D'ĕxpĭĕr sŏn fŏrfaĭt. Ŏn lĕ luĭ fĭt biĕn voīr.

Sĕlŏn quĕ voŭs sĕréz ⸗ puĭssănt oŭ mĭsérăble,

Lĕs jŭgĕmĕnts dĕ coūr voŭs rĕndrŏnt blănc ⸗ oŭ noĭr.

❦

LE HÉRON.

Ŭn joūr ⸗ sŭr sĕs lōngs piĕds ⸗ ăllaĭt ⸗ jĕ nĕ saĭs où ⸗

Lĕ hérŏn ⸗ aŭ lōng bĕc ⸗ ĕmmănché d'ŭn lōng coŭ.

Ĭl côtŏyaĭt ŭnĕ rĭvière.

L'ōnde ĕtaĭt trănspărēnte ⸗ aĭnsĭ qu'aŭx plŭs beăux joūrs ;

Mă cŏmmére lă cărpe ⸗ y̆ faĭsaĭt mĭllĕ toŭrs ⸗

Āvĕc lĕ brŏchĕt ⸗ sŏn cōmpère.

Lĕ hérŏn ⸗ ĕn eût faĭt aĭsémĕnt sŏn prŏfĭt :

Toŭs ăpprŏchaĭent dŭ bōrd, l'oĭseăŭ ⸗ n'ăvaĭt qu'à prĕndre ;

Maĭs ĭl crŭt miĕux faĭrĕ ⸗ d'ăttĕndre ⸗

Qu'il eût ŭn peŭ plŭs d'ăppétĭt :

Ĭl vĭvaĭt dĕ régĭme, ĕt măngeăit à sĕs heŭres.

Ăprès quĕlquĕs mŏmĕnts, l'ăppétĭt ⸰ vĭnt : l'oĭseău,

S'ăpprŏchănt dŭ bŏrd, vĭt sŭr l'eău .

Dĕs tănchĕs ⸰ quĭ sŏrtaĭent dŭ fŏnd dĕ leŭrs dĕmeŭres.

Lĕ mĕts nĕ luĭ plŭt păs, ĭl s'ăttĕndaĭt à mieŭx,

Ĕt mŏntraĭt ŭn goût dédaĭgneŭx ⸰

Cŏmmĕ lĕ răt ⸰ dŭ bŏn Hŏrăce :

Moĭ, dĕs tănchĕs ! dĭt-ĭl : moĭ, hérŏn, quĕ jĕ făsse

Ŭnĕ sĭ paŭvrĕ chèrĕ ! Ĕt poŭr quĭ mĕ prĕnd-ŏn ?

Lă tănchĕ rĕbŭtée, ĭl troŭvă dŭ goŭjŏn.

Dŭ goŭjŏn ! c'ĕst biĕn là ⸰ lĕ dĭnĕr ⸰ d'ŭn hérŏn !

J'oŭvrĭraĭs poŭr sĭ peŭ ⸰ lĕ bĕc ! Aŭx dieŭx nĕ plaĭse !

Ĭl l'oŭvrĭt ⸰ poŭr biĕn moĭns : toŭt ăllă dĕ façŏn ⸰

Qu'ĭl nĕ vĭt plŭs aŭcŭn poĭsson.

Lă faĭm ⸰ lĕ prĭt : ĭl fŭt toŭt heŭreŭx ĕt toŭt aĭse ⸰

Dĕ rĕncŏntrĕr ⸰ ŭn lĭmăçŏn.

LE VIEILLARD ET LES TROIS JEUNES HOMMES.

Ŭn ŏctŏgénaīrĕ , plăntaĭt.

Pásse ĕncŏr dĕ bâtīr ; maĭs plántĕr à cĕt àge !

Dĭsaĭent troĭs joŭvĕnceāux, ĕnfānts du voĭsĭnāge,

Ăssŭrémĕnt , ĭl rădŏtaĭt.

Càr, aŭ nŏm dĕs diĕux, jĕ voŭs prīe.

Quĕl fruĭt , dĕ cĕ lăbeūr poŭvĕz-voŭs rĕcuĕillīr !

Aŭtánt qu'ŭn pătriārche , ĭl voŭs faŭdraĭt vĭeillīr ?

À quŏi bŏn , chărgĕr vŏtrĕ vĭe ,

Dĕs soĭns d'ŭn ăvĕnīr , quĭ n'ĕst păs faĭt poŭr voŭs ?

Nĕ sŏngĕz dĕsŏrmaĭs qu'à vŏs ĕrreūrs păssées ;

Quĭttĕz lĕ lŏng ĕspoĭr , ĕt lĕs văstĕs pĕnsées ;

Toŭt cĕlá , nĕ cŏnviĕnt , qu'à noŭs.

Ĭl nĕ cŏnviĕnt pas à voŭs-mèmes,

Rĕpărtĭt lĕ vĭeillărd. Toŭt étăblĭssĕmĕnt ,

Viĕnt tārd ĕt dŭrĕ peŭ. Lă maĭn dĕs părquĕs blèmes ,

Dĕ vŏs joŭrs ĕt dĕs miĕns sĕ joūe égălĕmĕnt.

Nŏs tĕrmĕs sŏnt păreĭls , păr leŭr coŭrtĕ dŭrée.

Quï dĕ noŭs , dĕs clärtĕs dĕ lä voûte äzŭréc

Doït joŭïr lĕ dĕrnïĕr ? Ĕst-il aŭcŭn mŏmĕnt 7

Quï voŭs puïsse ässŭrĕr d'ŭn sĕcŏnd 7 seŭlĕmĕnt ?

Mĕs ärriŏrĕ-nĕveŭx mĕ dĕvrŏnt cĕt ŏmbrăge.

He biĕn ! défĕndĕz-voŭs aŭ säge 7

Dĕ sĕ dŏnnĕr dĕs soïns poŭr lĕ pläïsïr d'aŭtruï ?

Cĕlă méme 7 ĕst ŭn fruït 7 qŭe jĕ goûte aŭjoŭrd'huï :

J'ĕn puïs joŭïr 7 dĕmaïn, ĕt quĕlquĕs joŭrs ĕncŏre ;

Jĕ puïs ĕnfïn cŏmptĕr l'aŭrŏre 7

Plŭs d'ŭnĕ foïs sŭr vŏs tŏmbeaŭx.

Lĕ viĕillärd 7 eŭt raïsŏn : l'ŭn dĕs troïs joŭvĕnceaŭx 7

Sĕ nŏyă 7 dès lĕ pŏrt, ällánt à l'Ămérïque ;

L'aŭtre, ăfïn dĕ mŏntĕr aŭx grăndĕs dïgnïtés,

Dăns lĕs ĕmploïs dĕ Märs sĕrvănt lă répŭblïque,

Păr ŭn coŭp ïmprévŭ vït sĕs joŭrs ĕmpŏrtes.

Lĕ troïsiémĕ 7 tŏmbă d'ŭn ärbre 7

Quĕ luï-méme 7 ïl voŭlŭt 7 ĕntĕr ;

Ĕt 7 pleŭrés dŭ viĕillärd 7 ïl grăvă sŭr leŭr märbre 7

Cĕ quĕ jĕ viĕns dĕ răcŏntĕr.

LE LIÈVRE ET LES GRENOUILLES.

Ŭn lièvre, ĕn sŏn gĭtĕ, sŏngeăit,

(Căr, quĕ faĭre ĕn ŭn gĭte, à moĭns quĕ l'ŏn nĕ sŏnge?)

Dăns ŭn prŏfōnd ĕnnuĭ, cĕ lièvrĕ, sĕ plŏngeăit :

Cĕt ănĭmăl, ĕst *trĭste*, ĕt lă craĭntĕ, lĕ rŏnge.

Lĕs gĕns dĕ nătŭrĕl peŭreŭx,

Sŏnt, dĭsaĭt-ĭl, biĕn *mălheŭreŭx* !

Ĭls nĕ saŭraĭent, măngĕr mŏrceău, quĭ leŭr prŏfĭte :

Jamaĭs ŭn plaĭsīr pŭr, toŭjoūrs ăssaŭts dĭvĕrs.

Voilă cŏmmĕ jĕ vĭs : cĕttĕ craĭntĕ, *maŭdĭte,*

M'ĕmpêchĕ dĕ dŏrmĭr, sĭnŏn, lĕs yĕux oŭvĕrts.

Cŏrrĭgĕz-voŭs, dĭră, quĕlquĕ săgĕ cĕrvĕlle.

Ĕh ! lă peŭr sĕ cŏrrĭgĕ-t-ĕlle ?

Jĕ croĭs mêmĕ, qu'ĕn bŏnnĕ foĭ,

Lĕs hŏmmĕs, ŏnt peŭr cŏmmĕ moĭ.

Aĭnsĭ, raĭsŏnnaĭt nŏtrĕ lièvre,

Ĕt cĕpĕndănt, faĭsaĭt le guĕt.

Ĭl étaĭt, *doŭteŭx*, ĭnquĭĕt ;

Ŭn soŭffle, ŭne ōmbre, ŭn riĕn, *toŭt,* luĭ dŏnnaĭt lă fĭèvre.

Lĕ mélăncŏlĭque ănĭmăl,

Ĕn rêvănt à cĕttĕ mătière,

Ĕntĕnd ŭn légĕr bruĭt : cĕ luĭ fŭt ŭn sĭgnăl,

Poŭr s'ĕnfuĭr dĕvĕrs să tănière.

Ĭl s'ĕn ăllă păssĕr, sŭr lĕ bŏrd d'ŭn étăng.

Grĕnoŭilles, aŭssĭtôt, dĕ saŭtĕr dăns lĕs ŏndes;

Grĕnoŭillĕs, dĕ rĕntrĕr ĕn leŭrs grŏttĕs prŏfŏndes.

Ŏh ! dĭt-ĭl, j'ĕn faĭs faĭre aŭtănt

Qu'ŏn m'ĕn faĭt faĭre ! Mă présĕnce,

Ĕffraĭe aŭssĭ lĕs gĕns ! Jĕ mĕts l'ălărme aŭ cămp !

Ĕt d'où mĕ viĕnt cĕttĕ vaĭllănce ?

Cŏmmĕnt ! dĕs ănĭmaŭx quĭ trĕmblĕnt dĕvănt moĭ !

Jĕ suĭs dŏnc ŭn foŭdrĕ dĕ guĕrre !

Ĭl n'ĕst, jĕ lĕ voĭs biĕn, sĭ *pŏltrŏn* sŭr lă tĕrre,

Quĭ nĕ puĭssĕ, troŭvĕr ŭn plŭs pŏltrŏn, quĕ soĭ.

L'ANE ET LE PETIT CHIEN.

Nĕ fŏrçŏns poĭnt nŏtrĕ tălĕnt ;

Noŭs nĕ fĕriŏns riĕn, ăvĕc grâce :

Jămaïs ŭn loŭrdaŭd, quŏi qu'ĭl fasse,

Nĕ saŭraït păssĕr poŭr gălănt.

Peŭ dĕ gĕns, quĕ lĕ ciĕl chérĭt ĕt grătĭfīe,

Ŏnt lĕ dŏn d'ăgréĕr ⸗ ĭnfŭs ăvĕc lă vīe.

C'ĕst ŭn poĭnt qu'ĭl lęŭr faŭt laïssĕr,

Ĕt nĕ păs rĕssĕmblĕr à l'ânĕ dĕ lă făble,

Quĭ, poŭr sĕ rĕndrĕ plŭs aïmable

Ĕt plŭs chĕr à sŏn maître, ăllă lĕ cărĕssĕr.

Cŏmmĕnt, dĭsaït-ĭl ĕn sŏn âme,

Cĕ chiĕn, părcĕ qu'ĭl ĕst mĭgnón,

Vĭvră ⸗ dĕ païr à cŏmpăgnŏn ⸗

Ăvĕc Mŏnsiĕur, ăvĕc Mădáme,

Ĕt j'aŭraï dĕs coŭps dĕ bătŏn !

Quĕ faĭt-ĭl ? ĭl dŏnnĕ lă pătte,

Puĭs aŭssĭtŏt ⸗ ĭl ĕst baïsé :

S'ĭl ĕn faŭt faïre aŭtănt ⸗ ăfĭn quĕ l'ŏn mĕ flătte,

Cĕlă ⸗ n'ĕst păs biĕn măl-aïsé.

Dăns cĕtte ădmĭrăblĕ pĕnsée,

Vŏyănt sŏn maîtrĕ ĕn joïe, ĭl s'ĕn viēnt loŭrdĕmĕnt ,

Lĕve ŭnĕ cŏrnĕ ⸗ toŭt ŭsée ;

Lă luĭ pŏrte aŭ mĕntŏn , fŏrt ămoŭreŭsĕmĕnt,

Nŏn săns ăccŏmpăgnĕr , poŭr plŭs grănd ŏrnĕmĕnt,

Dĕ sŏn chānt *grăcĭeŭx* cĕtte ăctĭŏn , hărdĭe.

Ŏh ! ŏh ! quĕllĕ cărĕsse ! ĕt quĕllĕ mélŏdĭe !

Dĭt lĕ maître aŭssĭtŏt. Hŏlă ! Mărtĭn-bătŏu !

Mărtĭn-bătŏn , ăccoŭrt : l'âuĕ , chăngĕ dĕ tŏu.

.Aĭnsĭ fĭnĭt , lă cŏmédĭe.

LE RAT QUI S'EST RETIRÉ DU MONDE.

Lĕs Lĕvăntĭns, ĕn leŭr légénde,

Dĭsĕnt , qu'ŭn cĕrtaĭn răt, lās dĕs soĭns d'ĭcĭ-bās,

Dăns ŭn frŏmăgĕ dĕ Hŏllănde ,

Sĕ rĕtĭră loĭu dŭ trăcăs.

Lă sŏlĭtŭde étaĭt *prŏfŏnde*.

S'étĕndănt părtoŭt à lă rŏnde,

Nŏtre ĕrmĭtĕ noŭveău , sŭbsĭstaĭt , là-dĕdăns.

Ĭl fĭt tănt , dĕs pĭĕds ĕt dĕs dĕnts ,

Qu'ĕn peŭ dĕ joŭrs , ĭl eŭt , aŭ fŏnd dĕ l'ĕrmĭtăgo ,

Lĕ vĭvre ĕt lĕ coŭvĕrt ; quĕ faŭt-ĭl dăvăntăge ?

Ĭl dĕvĭnt *grŏs* ĕt *grās* ; Diĕu ⁊ prŏdĭguĕ sĕs biĕns ⁊

Ă ceŭx quĭ fŏnt vœŭ ⁊ d'ȇtrĕ siĕns.

Ŭn joŭr ⁊ aŭ dévŏt pĕrsŏnnăge ⁊

Dĕs dépŭtés dŭ peŭplĕ ⁊ răt ⁊

S'ĕn vĭnrĕnt ⁊ dĕmăndĕr quĕlque aŭmŏnĕ légère :

Ĭls ăllaĭent ĕn tĕrre étrăngère ⁊

Chĕrchĕr ⁊ quĕlquĕ sĕcoŭrs cŏntrĕ lĕ peŭplĕ ⁊ *chă̆t*.

Rătŏpŏlĭs ⁊ ĕtaĭt blŏquée ;

Ŏn lĕs ăvaĭt cŏntraĭnts dĕ părtĭr săns ărgĕnt,

Ăttĕndŭ ⁊ l'étăt ĭndĭgĕnt ⁊

Dĕ lă répŭblĭque ăttăquée.

Ĭls dĕmăndaĭent fŏrt peŭ, cĕrtaĭns ⁊ quĕ ⁊ lĕ sĕcoŭrs

Sĕraĭt prêt dăns quătre oŭ cĭnq joŭrs.

Mĕs ămĭs, dĭt lĕ sŏlĭtaĭre,

Lĕs chŏsĕs d'ĭcĭ băs ⁊ nĕ mĕ rĕgărdĕnt plŭs.

Ĕn quoĭ ⁊ peŭt ⁊ ŭn paŭvrĕ ⁊ rĕclŭs ⁊

Voŭs ăssĭstĕr? quĕ peŭt-ĭl faĭre ⁊

Quĕ ⁊ dĕ prĭĕr lĕ ciĕl ⁊ qu'ĭl voŭs aĭde ĕn cĕcĭ.

J'éspère ⁊ qu'ĭl aŭră ⁊ dĕ voŭs ⁊ quĕlquĕ soŭcĭ.

Ăyănt părlé dĕ cĕttĕ sŏrte,

Lĕ noŭveău saĭut ⹁ fĕrmă să pŏrte.

Quĭ ⹁ dĕsĭgne-je, à vŏtre ăvĭs,

Păr cĕ răt ⹁ sĭ peŭ sĕcoŭrăble ?

Un moĭne? nŏn, maĭs ⹁ ŭn dĕrvĭs ;

Jĕ sŭppŏse qu'ŭn moĭne ⹁ ĕst toŭjoŭrs *chărĭtăble.*

L'HUITRE ET LES PLAIDEURS.

Ŭn joŭr ⹁ deŭx pĕlĕrĭns ⹁ sŭr lĕ săblĕ rĕncŏntrent ⹁

Ŭne huître ⹁ quĕ lĕ flŏt ⹁ ÿ vĕnaĭt d'ăppŏrtĕr.

Ĭls l'ăvălĕnt dĕs yeŭx, dŭ doĭgt ĭls sĕ lă mŏntrent,

Ă l'ĕgărd dĕ lă dĕnt ⹁ ĭl făllŭt cŏntĕstĕr.

L'ŭn ⹁ sĕ baĭssaĭt déjà poŭr rămăssĕr lă proĭe ;

L'aŭtrĕ ⹁ lĕ poŭsse ⹁ ĕt dĭt : ĭl ĕst bŏn dĕ săvoĭr

Quĭ dĕ noŭs ĕn aŭră lă joĭe.

Cĕluĭ quĭ ⹁ lĕ prĕmiĕr ă sŭ l'ăpĕrcĕvoĭr,

Ĕn sĕră lĕ gŏbeŭr ; l'aŭtrĕ ⹁ lĕ vĕrră faĭre.

Sĭ ⹁ păr là l'ŏn jŭgĕ l'ăffaĭre,

Rĕprĭt sŏn cŏmpăgnŏn, j'aĭ l'œĭl bŏn, Diĕu mĕrcĭ ;

Jĕ nĕ l'aĭ păs maŭvaĭs aŭssĭ,

Dĭt l'aŭtre, ĕt jĕ l'aĭ vŭe ăvănt voŭs , sŭr mă vĭe.

Ĕh biĕn ! voŭs l'ăvĕz vŭe, ĕt moĭ ⸰ jĕ l'aĭ sĕntĭe.

Pĕndănt toŭt cĕ bĕl ĭncĭdĕnt,

Pĕrrĭn *Dăndĭn* ⸰ ărrĭve ; ĭls lĕ prĕnnĕnt poŭr jŭge ;

Pĕrrĭn ⸰ fŏrt *grăvĕmĕnt* ⸰ oŭvrĕ l'huître ⸰ ĕt lă grŭge ⸰

Nŏs deŭx Mĕssiĕurs ⸰ lĕ rĕgărdănt.

Cĕ rĕpăs faĭt, ĭl dĭt ⸰ d'ŭn tŏn dĕ présĭdĕnt :

Tĕnĕz : lă Coŭr ⸰ voŭs dŏnne à chăcŭn ⸰ ŭne écaĭlle.

Săns dépĕns ĕt qu'ĕn paĭx ⸰ chăcŭn ⸰ chĕz soĭ s'ĕn aĭlle.

———✦———

LA LAITIÈRE ET LE POT AU LAIT.

Pĕrrĕttĕ ⸰ sŭr să tête ăyănt ŭn pŏt aŭ laĭt ⸰

Biĕn pŏsé sŭr ŭn coŭssĭnĕt ⸰

Prétĕndaĭt ⸰ ărrĭvĕr ⸰ săns ĕncŏmbre ⸰ à lă vĭlle :

Légère ĕt ⸰ coŭrt-vêtŭe ⸰ ĕlle ăllaĭt à *grănds* păs,

Ăyănt mĭs ⸰ cĕ joŭr-lă ⸰ poŭr êtrĕ plŭs ăgĭle,

Cŏtĭllŏn ⸰ sĭmple ⸰ ĕt soŭliĕrs plăts.

Nŏtrĕ laĭtière ⸰ aĭnsĭ troŭssée,

Cŏmptaït déjà ⸗ dăns să pĕnsée ⸗

Toŭt lĕ prïx dĕ sŏn laït, ĕn ĕmplŏyaït l'ărgĕnt,

Ăchĕtaït ŭn cĕnt d'œŭfs, faïsaït ⸗ trïplĕ coŭvéc ;

Là chŏse ăllaït à bïĕn ⸗ păr sŏn soïn dïlïgĕnt.

Ïl m'ĕst, dïsaït-ĕllĕ, făcïle ⸗

D'élĕvĕr dĕs poŭlĕts aŭtoŭr dĕ mă maïsŏn ;

Lĕ rĕnàrd ⸗ sĕră bïĕn hăbïle ⸗

S'ïl nĕ m'ĕn laïsse ăssĕz ⸗ poŭr ăvoïr ŭn cŏchŏn,

Lĕ pŏrc ⸗ à s'ĕngraïssĕr coŭtĕră peŭ dĕ sŏn ;

Ïl étaït, quănd jĕ l'eŭs, dĕ grŏsseŭr raïsŏnnăble.

J'aŭraï ⸗ lĕ rĕvĕndànt ⸗ dĕ l'ărgĕnt ⸗ bĕl ĕt bŏn.

Ĕt quï ⸗ m'ĕmpĕchĕră ⸗ dĕ mĕttre ĕn nŏtre étáble ⸗

Vŭ lĕ prïx dŏnt ïl ĕst, ŭnĕ văche ⸗ ĕt sŏn veău ⸗

Quĕ jĕ vĕrraï ⸗ saŭtĕr ⸗ aŭ mïlïĕu dŭ troŭpeău ?

Pĕrrĕttĕ ⸗ là-dĕssŭs ⸗ saŭte aŭssï ⸗ trănspŏrtée,

Lĕ laït ⸗ tŏmbe ; ădïĕu, veău, văchĕ, cŏchŏn, coŭvéc.

Lă dámĕ dĕ cĕs bïĕns ⸗ quïttănt d'ŭn œïl mărrï

Să fŏrtŭne aïnsï répăndŭe ⸗

Vă s'ĕxcŭsĕr à sŏn mărï ⸗

Ĕn grănd dàngĕr ⸗ d'ĕtrĕ ⸗ băttŭe.

Lĕ récĭt ⸼ ĕn fărce ĕn fŭt făĭt ;

Ŏn l'ăppĕlă ⸼ lĕ pŏt aŭ lăĭt.

Quĕl·ĕsprĭt ⸼ nĕ băt lă cămpăgne ?

Quĭ ⸼ nĕ făĭt chàtĕăux ĕn Ĕspăgne ?

Pĭcrŏchŏllĕ, Pӯrrhŭs, lă laĭtiėre, ĕnfĭn toŭs,

Aŭtănt lĕs săgĕs quĕ lĕs foŭs.

Chăcŭn ⸼ sŏnge ĕn veĭllănt ; ĭl n'ĕst rĭĕn dĕ plŭs doŭx :

Ŭnĕ *flătteŭse* ĕrreŭr ĕmpŏrte ălŏrs nŏs âmes ;

Toŭt lĕ biĕn dŭ mŏnde ⸼ ĕst à noŭs,

Toŭs lĕs hŏnneŭrs, toŭtĕs lĕs fĕmmes.

Quănd jĕ suĭs seŭl, jĕ faĭs aŭ plŭs brăve ŭn défĭ ;

Jĕ m'écărtĕ, jĕ vaĭs détrônĕr lĕ Sŏphĭ ;

Ŏn m'élĭt roĭ, mŏn peŭplĕ ⸼ m'aĭme ;

Lĕs dĭădémĕs ⸼ vŏnt sŭr mă tête pleŭvănt :

Quĕlque ăccĭdĕnt ⸼ faĭt-ĭl quĕ jĕ rĕntre ĕn moĭ-même,

Jĕ suĭs Grŏs-Jeăn ⸼ cŏmmĕ dĕvănt.

———◦———

LE CHÊNE ET LE ROSEAU.

Le chêne ⸼ un jour ⸼ dit au roseau :

Vous avez *bien* sujet ⸼ d'accuser la nature :

Un roitelet, pour vous est un *pesant* fardeau ;

Le moindre vent, qui, d'aventure

Fait rider la face de l'eau,

Vous oblige à baisser la tête,

Cépéndant qué món frónt, aŭ Caŭcáse párĕil,

Non content d'arrêter les rayons du soleil,

Brave l'effort de la tempête.

Toŭt, voŭs ĕst ăquĭlŏn ; toŭt, mĕ sĕmblĕ zéphўr.

Encor, si vous naissiez à l'abri du feuillage

Dont je couvre le voisinage,

Vous n'auriez pas tant à souffrir ;

Je vous défendrais de l'orage :

Mais vous naissez, le plus souvent,

Sur les humides bords des royaumes du vent.

La nature, envers vous me semble *bien* injuste.

Votre compassion, lui répondit l'arbuste,

Part d'un bon naturel, mais, quittez ce souci ;

Les vents, me sont, moins qu'à vous, redoutables :

Jĕ plĭe, et ne romps pas. Vous avez, jusqu'ici,

Contre leurs coups épouvantables,

Résisté 7 sans courber le dos.

Mais attendons la fin. Comme il disait ces mots,

Du bout de l'horizon 7 accourt avec furie 7

Le plus terrible des enfants

Que le nord 7 eût portés jusque-là 7 dans ses flancs.

L'arbrĕ 7 tiĕnt bŏn, lĕ rŏseău 7 plīe ;

Lĕ vĕnt 7 redouble ses efforts,

Ĕt fait si bien 7 qu'il déracine 7

Cĕluī 7 dĕ quī la tète 7 aŭ ciĕl ĕtaīt voīsine 7

Et dŏnt lĕs piĕds 7 toŭchaīent à l'ĕmpīrĕ dĕs mŏrts.

LA MORT ET LE MOURANT.

La mort 7 ne surprend point le sage ;

Il est toujours prèt à partir,

S'étant su 7 lui-même avertir

Du temps où l'on se doit résoudre à ce passage.

Ce temps, hélas ! embrasse tous les temps :

Qu'on le partage 7 en jours, en heures, en moments,

Il n'en est point 7 qu'il ne comprenne

Dans le fatal tribut ; tous y sont de son domaine ;

Et le premier instant où les enfants des rois

Ouvrent les yeux à la lumière,

Est celui y qui vient quelquefois y

Fermer pour toujours leur paupière.

Défendez-vous y par la grandeur ;

Alléguez la beauté, la vertu, la jeunesse ;

Lă mŏrt y răvĭt y toŭt y săns pŭdeŭr.

Un jour le monde entier y accroîtra sa richesse.

Il n'est riĕn y de moins ignoré,

Et, puisqu'il faut que je le die,

Riĕn y où l'on soit moins préparé.

Ŭn moŭrănt, quĭ cŏmptaĭt y plŭs dĕ cĕnt ăns dĕ vĭe y

Se plaignait à la mort y que y précipitamment y

Elle le contraignait de partir tout à l'heure y

Sans qu'il eût fait son testament ;

Sans l'avertir y au moins. Est-il juste y qu'on meure

Au pied levé ? dit-il : Attendez quelque peu.

Ma femme y ne veut pas que je parte sans elle ;

Il me reste, à pourvoir un arrière-neveu ;

Souffrez, qu'à mon logis j'ajoute encore une aile.

Que vous êtes *pressante*, ô déesse *cruelle* !

Vieillard, lui dit, la mort, je ne t'ai point surpris ;

Tu te plains, sans raison, de mon impatience ;

Eh ! n'as-tu pas cent ans ? Trouve-moi, dans Paris,

Deux mortels, aussi vieux ; trouve-m'en, dix, en France.

Je devais, ce dis-tu, te donner quelque avis,

    Qui te disposât à la chose ;

    J'aurais trouvé, ton testament, tout fait,

Ton petit-fils, pourvu, ton bâtiment, parfait.

Ne te donna-t-on pas des avis, quand la cause

    Du marcher, et du mouvement,

    Quand les esprits, le sentiment,

Quand tout, faillit en toi ? Plus de goût, plus d'ouïe ;

Toute chose, pour toi, semble, être évanouie ;

Pour toi, l'astre du jour prend des soins superflus ;

Tu regrettes, des biens qui ne te touchent plus ;

    Je t'ai fait voir tes camarades,

    Ou morts, ou mourants, ou malades :

Qu'est-ce que tout cela , qu'un avertissement ?

Allons, vieillard, et sans réplique.

Il n'importe à la république ,

Que tu fasses ton testament.

La mort avait raison : je voudrais , qu'à cet âge ,

On sortît de la vie , ainsi que d'un banquet,

Remerciant son hôte, et qu'on fît son paquet ;

Car, de combien , peut-on retarder le voyage ?

Tu murmures, vieillard ! Vois ces jeunes , mourir ;

Vois-les marcher, vois-les , courir

A des morts, il est vrai, glorieuses et belles,

Mais sûres cependant, et quelquefois cruelles.

J'ai beau te le crier ; mon zèle est indiscret :

Le plus semblable aux morts , meurt le plus à regret.

LE LOUP ET LE CHASSEUR.

Fureur d'accumuler, monstre , de qui les yeux

Régardent comme un point , tous les bienfaits des dieux,

Te combattrai-je, en vain, sans cesse, en cet ouvrage ?

Quel temps demandes-tu, pour suivre mes leçons ?

L'homme, sourd à ma voix, comme à celle du sage,

Ne dira-t-il jamais : c'est assez, jouissons ?

Hâte-toi, mon ami : tu n'as pas tant à vivre.

Je te rebats ce mot, car il vaut tout un livre.

Jouis. — Je le ferai. — Mais, quand donc ? — Dès demain.

— Eh ! mon ami, la mort, te peut prendre en chemin ;

Jouis dès aujourd'hui ; redoute, un sort, semblable

A celui, du chasseur et du loup, de ma fable.

Le premier, de son arc avait mis bas un daim.

Un faon de biche, passe, et le voilà soudain,

Compagnon du défunt ; tous deux gisent sur l'herbe.

La proie était honnête, un daim, avec un faon ;

Tout modeste chasseur en eût été content.

Cependant un sanglier, monstre énorme et superbe,

Tente encore notre archer, friand de tels morceaux ;

Autre habitant du Styx ; la parque, et ses ciseaux,

Avec peine y mordaient ; la déesse infernale,

Reprit à plusieurs fois l'heure, au monstre fatale.

De la force du coup, pourtant il s'abattit.

C'était assez de biens. Mais quoi ! rien ne remplit

Les vastes appétits d'un faiseur de conquêtes.

Dans le temps que le porc revient à soi, l'archer

Voit le long d'un sillon une perdrix marcher,

      Surcroît *chétif* aux autres têtes ;

De son arc, toutefois il bande les ressorts.

Le sanglier, rappelant les restes de sa vie,

Vient à lui, le découd, meurt vengé sur son corps,

      Et la perdrix, le remercie.

Cette part du récit s'adresse aux convoiteux ;

L'avare, aura pour lui le reste de l'exemple.

Un loup, vit en passant ce spectacle piteux :

Ô Fortune ! dit-il, je te *promets* un temple.

Quătrĕ cōrps ĕtĕndŭs ! quĕ dĕ biĕns ! mais pourtant,

Il faut les ménager ; ces rencontres sont rares.

      (Ainsi s'excusent les avares.)

J'en aurai, dit le loup, pour un mois, pour autant.

Un, deux, trois, quatre corps ; ce sont quatre semaines,

      Si je sais compter, toutes pleines.

Commençons, dans deux jours, et mangeons cependant,
La corde, de cet arc : il faut que l'on l'ait faite,
De *vrai* boyau ; l'odeur, me le témoigne assez.

En disant ces mots, il se jette
Sur l'arc, qui se détend, et fait, de la sagette,
Un nouveau mort : mon loup, a les boyaux percés.

Je reviens à mon texte : il faut que l'on jouisse ;
Témoin, ces deux goutons, punis d'un sort commun :
Sa convoitise perdit, l'un ;
L'autre, périt, par l'avarice.

LE PAYSAN DU DANUBE.

Il ne faut point, juger des gens, sur l'apparence ;
Le conseil en est bon, mais il n'est pas nouveau.
Jadis l'erreur du souriceau,
Me servit à prouver le discours que j'avance ;
J'ai, pour le fonder à présent,
Le bon Socrate, Ésope et certain paysan,

Des rives du Danube, homme, dont Marc-Aurèle,

Nous fait un portrait fort fidèle.

On connaît les premiers ; quant à l'autre, voici

Le personnage, en raccourci :

Son menton, nourrissait une barbe touffue ;

Toute sa personne velue,

Représentait un ours, mais un ours, mal léché ;

Sous un sourcil épais il avait l'œil caché,

Le regard de travers, nez tortu, grosse lèvre,

Portait sayon de poil de chèvre,

Et ceinture de joncs marins.

Cet homme, ainsi bâti, fut député des villes

Que lave le Danube. Il n'était point d'asiles,

Où l'avarice des Romains,

Ne pénétrât alors, et ne portât les mains.

Le député vint donc, et fit cette harangue :

Romains, et vous, Sénat, assis pour m'écouter,

Je supplie avant tout les dieux de m'assister.

Veuillent les Immortels, conducteurs de ma langue,

Que je ne dise rien qui doive être repris !

G

Sans leur aide , il ne peut entrer dans les esprits ,

Que tout mal , et toute injustice ;

Faute d'y recourir, on viole leurs lois :

Témoin , nous , que punit la romaine avarice ;

Rome , est par nos forfaits , plus que par ses exploits ,

L'instrument de notre supplice.

Craĭgnĕz, Rŏmaĭns, craĭgnĕz, quĕ lĕ cĭĕl , quĕlquĕ joŭr ,

Ne transporte chez vous les pleurs et la *misère*,

Et , mettant en nos mains , par un juste retour ,

Les armes , dont se sert sa vengeance , sévère,

Il ne vous fasse , en sa colère ,

Nos esclaves , à votre tour :

Et pourquoi , sommes-nous les vôtres ? Qu'on me die

En quoi , vous valez mieux que cent peuples divers.

Quel droit , vous a rendus maîtres de l'univers ?

Pourquoi venir , troubler une innocente vie ?

Nous cultivions en paix d'heureux champs , et nos mains ,

Etaient propres aux arts , ainsi qu'au labourage.

Qu'avez-vous appris aux Germains ?

Ils ont l'adresse , et le courage ;

S'ils avaient eu l'avidité,

Comme vous, et la violence,

Peut-être, en votre place, ils auraient la puissance,

Et sauraient en user, sans inhumanité.

Celle que vos *préteurs* ont sur nous exercée,

N'entre qu'à peine en la pensée.

La majesté de vos autels,

Elle-même, en est offensée ;

Car sachez, que les Immortels,

Ont les regards sur nous. Grâces à vos exemples,

Ils n'ont devant les yeux, que des objets d'horreur,

De *mépris*, d'eux et de leurs temples.

D'avarice, qui va, *jusques* à la *fureur*.

Rien, ne suffit, aux gens qui nous viennent de Rome ;

La terre, et le travail de l'homme,

Font, pour les assouvir, des efforts superflus.

Retirez-les ; on ne veut plus

Cultiver pour eux les campagnes.

Nous quittons nos cités, nous fuyons aux montagnes ;

Nous laissons nos *chères* compagnes ;

Nous ne conversons plus , qu'avec des ours affreux,

Découragés , de mettre au jour des malheureux,

Et de peupler pour Rome , un pays qu'elle opprime.

Quant à nos enfants , déjà nés,

Nous souhaitons , de voir leurs jours , bientôt bornés :

Vos *préteurs* , au *malheur* nous font joindre le *crime*.

Retirez-les, ils ne nous apprendront

Que la *mollesse* , et que le *vice* ;

Les Germains , comme eux , deviendront

Gens de *rapine* et d'avarice.

C'est tout ce que j'ai vu dans Rome , à mon abord.

N'a-t-on point , de présent à faire,

Point de pourpre , à donner ; c'est en vain , qu'on espère ,

Quelque refuge aux lois : encor , leur ministère ,

A-t-il , mille longueurs. Ce discours , un peu fort ,

Doit commencer à vous déplaire ;

Je finis. Punissez de mort ,

Une plainte, hélas ! trop sincère.

A ces mots il se couche, et chacun , étonné ,

Admire le *grand* cœur, le *bon* sens, l'éloquence ,

Du sauvage ? ainsi prosterné.

On le créa ? patrice, et ce fut la vengeance ?

Qu'on crut ? qu'un tel discours méritait. On choisit

D'autres préteurs ? et par écrit ?

Le Sénat ? demanda ce qu'avait dit cet homme,

Pour servir de modèle aux parleurs à venir.

On ne sut pas longtemps ? à Rome ?

Cette éloquence entretenir.

PHILÉMON ET BAUCIS.

Ni l'or ? ni la grandeur ? ne nous rendent heureux :

Ces deux divinités ? n'accordent à nos vœux ?

Que des biens peu certains, qu'un plaisir peu tranquille.

Des soucis dévorants ? tout palais est l'asile,

Véritables vautours, que le fils de Japet ?

Nous présente ? enchaîné sur son triste sommet.

L'humble toit ? est exempt d'un tribut si funeste ;

Le sage ? y vit en paix, et méprise le reste ;

Content de ses douceurs, errant parmi les bois,

Il regarde à ses pieds les favoris des rois ;

Il lit au front de ceux qu'un vain luxe environne,

Que la Fortune vend ce qu'on croit qu'elle donne.

Approche-t-il du but, quitte-t-il ce séjour,

Rien ne trouble sa fin ; c'est le soir d'un beau jour.

Philémon et Baucis nous en offrent l'exemple :

Tous deux virent changer leur cabane en un temple.

Hyménée et l'Amour, par des désirs constants,

Avaient uni leurs cœurs dès leur plus doux printemps.

Ni le temps, ni l'hymen, n'éteignirent leur flamme ;

Clotho prenait *plaisir* à filer cette trame.

Ils surent cultiver, sans se voir assistés,

Leur enclos et leur champ par deux fois vingt étés.

Eux seuls, ils composaient toute leur république,

Heureux de ne devoir à pas un domestique,

Le plaisir ou le gré des soins qu'ils se rendaient.

Tout vieillit : sur leur front les rides s'étendaient ;

L'amitié modéra leurs feux, sans les détruire,

Et par des traits d'amour sut encor se produire.

Ils habitaient un bourg, plein de gens, dont le cœur

Joignait aux duretés un sentiment moqueur.

Jupiter, résolut d'abolir cette engeance.

Il part, avec son fils, le dieu de l'éloquence ;

Tous deux, en pélerins, vont visiter ces lieux.

Mille logis y sont ; un seul, ne s'ouvre aux dieux.

Prets enfin, à quitter un séjour si profane,

Ils virent à l'écart une étroite cabane,

Demeure hospitalière, humble et *chaste* maison.

Mercure, frappe ; on ouvre. Aussitôt, Philémon,

Vient au devant des dieux, et leur tient ce langage :

Vous me semblez, tous deux, fatigués du voyage ;

Reposez-vous ; usez, du peu que nous avons ;

L'aide des dieux, a fait, que nous le conservons.

Usez-en ; saluez ces pénates, d'argile,

Jamais le ciel, ne fut, aux humains si facile,

Que quand Jupiter même, était de simple bois ;

Depuis qu'on l'a fait d'or, il est sourd à nos voix.

Baucis, ne tardez point ; faites tiédir, cette onde ;

Encor que le pouvoir, au désir ne réponde,

Nos hôtes, agréeront les soins, qui leur sont dus.

Quelques restes de feu, sous la cendre épandus,

D'un souffle haletant, par Baucis s'allumèrent;

Des branches de bois sec, aussitôt s'enflammèrent;

L'onde tiède, on lava les pieds des voyageurs.

Philémon, les pria d'excuser ces longueurs,

Et, pour tromper l'ennui d'une attente importune,

Il entretint les dieux, non point sur la fortune,

Sur ses jeux, sur la pompe et la grandeur des rois,

Mais, sur ce que les champs, les vergers et les bois,

Ont de plus innocent, de plus doux, de plus rare.

Cependant, par Baucis le festin se prépare;

La table, où l'on servit le champêtre repas,

Fut, d'ais, non façonnés à l'aide du compas.

Encore, assure-t-on, si l'histoire en est crue,

Qu'en l'un de ses supports, le temps l'avait rompue,

Baucis en égala les appuis chancelants,

Du débris d'un vieux vase, autre injure des ans.

Un tapis, tout usé, couvrit deux escabelles;

Il ne servait pourtant, qu'aux fêtes solennelles.

Le linge, orné de fleurs, fut couvert, pour tous mets,

D'un peu de lait, de fruits, et des dons de Cérès.

Les divins voyageurs, altérés de leur course,

Mêlaient au vin grossier le cristal d'une source.

Plus le vase versait, moins il s'allait vidant.

Philémon, reconnut ce miracle évident,

Baucis, n'en fit pas moins; tous deux s'agenouillèrent;

A ce signe, d'abord, leurs yeux se dessillèrent;

Jupiter, leur parut, avec ces noirs sourcils,

Qui font trembler les cieux, sur leurs pôles assis.

Grand Dieu, dit Philémon, excusez notre faute:

Quels humains auraient cru recevoir un tel hôte?

Ces mets, nous l'avouons, sont peu délicieux:

Mais, quand nous serions rois, que donner à des dieux?

C'est le cœur qui fait tout: que la terre et que l'onde,

Apprêtent un repas pour les maîtres du monde,

Ils lui préféreront, les seuls présents du cœur.

FABLES

DE

FLORIAN.

LE CHIEN COUPABLE.

« Mon frère, sais-tu la nouvelle ?

Mouflar, le *bon* Mouflar, de nos chiens le *modèle*,

Si *redouté* des loups, si *soumis* au berger,

Mouflar, vient, dit on, de manger

Le petit agneau noir, puis, la brebis, sa mère,

Et puis, sur le berger s'est jeté *furieux.*

— Serait-il *vrai* ? — *Très-vrai,* mon frère.

— A qui donc se fier ? *grands dieux !* »

C'est ainsi, que parlaient deux moutons dans la plaine,

Et la nouvelle, était certaine.

Mouflar, sur le fait même pris,

N'attendait plus que le supplice :

Et le fermier, voulait qu'une *prompte* justice,

Effrayât les chiens du pays.

La procédure, en un jour est finie ;

*M*ille témoins, pour un, déposent l'attentat ;

Récolés, confrontés, aucun d'eux ne varie.

Mouflar, est convaincu du *tri*ple assassinat ;

Mouflar recevra donc deux *b*alles dans la tête,

Sur le lieu même du délit.

A son supplice, qui s'apprête,

Toute la ferme, se rendit.

Les agneaux, de Mouflar demandèrent la grâce ;

Elle fut *r*efusée. On leur fit prendre place :

Les chiens se rangèrent près d'eux,

Tristes, humiliés, mornes, l'oreille basse,

Plaĭgnãnt, sãns l'ĕxcŭsĕr, leur frère, *m*alheureux,

Tŏŭt lĕ mŏnde, ătlĕndaĭt, dãns ŭn *pr*ŏfŏnd sĭlĕnce.

Mouflar, paraît bientôt, conduit par deux pasteurs ;

Il arrive, et levant au ciel ses yeux en pleurs,

Il harangue ainsi l'assistance :

O vous, qu'en ce moment, je n'ose et je ne puis

Nommer, comme autrefois, mes frères, mes amis,

  Témoins de mon heure dernière,

Voyez où peut conduire un coupable *désir*!

De la vertu, quinze ans j'ai suivi la carrière;

  Un faux pas, m'en a fait sortir.

Apprenez mes forfaits. Au lever de l'aurore,

Seul, auprès du grand bois, je gardais le troupeau;

  Un loup, vient, emporte un agneau,

  Et tout en fuyant, le dévore.

Je cours, j'atteins le loup, qui, laissant son festin,

  Vient m'attaquer : je le terrasse,

  Et je l'étrangle sur la place.

C'était bien, jusque-là : mais, pressé par la faim,

De l'agneau dévoré je regarde le reste;

J'hésite, je balance...... A la fin cependant,

  J'y porte, une coupable dent :

Voila, de mes malheurs l'origine funeste.

  La brebis, vient dans cet instant;

  Elle jette des cris de mère.....

La tête m'a tourné ; j'ai craint que la brebis

Ne m'accusât d'avoir assassiné son fils,

Et pour la forcer à se taire,

Je l'égorge dans ma colère.

Le berger accourait armé de son bâton.

N'espérant plus aucun pardon,

Je me jette sur lui : mais bientôt on m'enchaîne,

Et me voici prêt à subir

De mes crimes la *juste* peine.

Apprenez tous du moins, en me voyant mourir,

Que la plus *légère* injustice

Aux forfaits les plus grands peut conduire d'abord,

Et que, dans le chemin du vice,

On est au fond du *précipice*,

Dès qu'on met un pied sur le bord.

LE CROCODILE ET L'ESTURGEON.

Sur la rive du Nil, un jour, deux *beaux* enfants,

S'amusaient à faire sur l'onde,

Avec des cailloux, *plats*, ronds, légers et tranchants,

Les plus *beaux* ricochets du monde.

Un crocodile affreux, arrive entre deux eaux,

S'élance tout à coup, happe, l'un des marmots,

Qui crie, et disparaît dans sa gueule profonde.

L'autre, fuit, en pleurant son pauvre compagnon.

Un honnête et digne esturgeon,

Témoin de cette tragédie,

S'éloigne avec horreur, se cache au fond des flots ;

Mais bientôt, il entend le coupable amphibie,

Gémir et pousser des sanglots.

Le monstre, a des remords, dit-il ; ô Providence !

Tu *venges* souvent l'innocence ;

Pourquoi, ne la *sauves-tu* pas ?

Ce scélérat, du moins, pleure ses attentats.

L'instant est propice, je pense,

Pour lui prêcher la pénitence :

Je m'en vais lui parler. Plein de compassion,

Notre saint homme d'esturgeon,

Vers le crocodile s'avance :

Pleurez, lui cria-t-il, pleurez votre *forfait* ;

Livrez votre âme impitoyable

Au *remords*, qui, des dieux est le *dernier* bienfait ;

Le seul médiateur entre eux et le coupable.

Malheureux, *manger* un enfant !

Mon cœur en a *frémi* ; j'entends gémir le vôtre...

Oui, répond l'assassin, je pleure en ce moment,

Du *regret*, d'avoir *manqué* l'autre.

Tel est le remords du méchant.

LA COQUETTE ET L'ABEILLE.

Chloé, jeune et jolie, et surtout, fort coquette,

Tous les matins, en se levant,

Se mettait au travail, j'entends, à sa toilette ;

Et là, souriant, minaudant,

Elle disait à son *cher* confident,

Les peines, les plaisirs, les *projets* de son âme.

Une abeille étourdie, arrive en bourdonnant.

Au secours ! au secours ! crie aussitôt la dame :
Venez, Lise, Marton, accourez promptement ;
Chassez ce monstre ailé. Le monstre insolemment
      Aux lèvres de Chloé se pose.
Chloé s'évanouit, et Marton en fureur,
      Saisit l'abeille, et se dispose
A l'écraser. Hélas, lui dit avec douceur
L'insecte malheureux, pardonnez mon erreur,
La bouche de Chloé me semblait une rose,
Et j'ai cru...... Ce seul mot, à Chloé rend ses sens.
Faisons grâce, dit-elle, à son aveu sincère :
      D'ailleurs sa piqûre est légère ;
Depuis qu'elle te parle, à peine je la sens.

Que ne fait-on passer, avec un peu d'encens !

LE SINGE QUI MONTRE LA LANTERNE MAGIQUE.

Messieurs les beaux esprits, dont la prose et les vers,
Sont d'un style pompeux, et toujours admirable,

Mais que l'on n'entend point, écoutez cette fable,

Et tâchez de devenir clairs.

Un homme, qui montrait la lanterne magique,

Avait un singe, dont les tours

Attiraient chez lui grand concours ;

Jacqueau (c'était son nom), sur la corde élastique

Dansait et *voltigeait* au mieux,

Puis faisait le saut périlleux,

Et puis, sur un cordon, sans que *rien* le soutienne,

Le corps *droit*, *fixe* et d'aplomb,

Notre Jacqueau fait tout du long

L'exercice à la prussienne.

Un jour qu'au cabaret son maître était resté

(C'était, je pense, un jour de fête),

Notre singe en liberté,

Veut faire un coup de sa tête.

Il s'en va rassembler les divers animaux

Qu'il peut rencontrer dans la ville :

Chiens, chats, poulets, dindons, pourceaux,

Arrivent bientôt à la file.

Entrez, entrez, Messieurs, criait notre Jacqueau ;

C'est ici, c'est ici, qu'un *spectacle nouveau*,

Vous charmera, *gràtis*. Oui, Messieurs, à la porte

On ne prend point d'argent ; je fais *tout*, pour l'honneur.

    A ces mots, chaque spectateur,

    Va se placer ; et l'on apporte

La lanterne magique ; on ferme les volets,

    Et, par un discours fait exprès,

    Jacqueau, prépare l'auditoire.

    Ce morceau, vraiment oratoire,

    Fit bâiller ; mais on applaudit.

Content de son succès, notre singe, saisit

    Un verre peint, qu'il met dans sa lanterne.

    Il sait, comment on le gouverne,

Et crie en le poussant : Est-il *rien*, de pareil ?

    Messieurs, vous *voyez* le soleil,

    Ses rayons, et toute sa gloire.

Voici *présentement*, la lune, et puis l'histoire

    D'Adam, d'Ève, et des animaux.....

    Voyez, Messieurs, comme ils sont beaux !

Voyez, la naissance du monde ;

Voyez..... Les spectateurs, dans une nuit profonde,

Ecarquillaient leurs yeux, et ne pouvaient rien voir ;

L'appartement, le mur, tout, était noir.

Ma foi, disait un chat, de toutes les merveilles

Dont il étourdit nos oreilles,

Le fait est, que je ne vois rien.

Ni moi non plus, disait un chien.

Moi, disait un dindon, je vois bien, quelque chose ;

Mais je ne sais pour quelle cause,

Je ne distingue pas très-bien.

Pendant tout ce discours, le Cicéron moderne,

Parlait éloquemment, et ne se lassait point.

Il n'avait oublié, qu'un point :

C'était, d'éclairer sa lanterne.

LA FAUVETTE ET LE ROSSIGNOL.

Une fauvette, dont la voix,

Enchantait les échos par sa douceur extrême,

Espéra surpasser le rossignol lui-même,

Et lui fit un défi. L'on choisit dans le bois,

Un lieu propre au combat : les juges se placèrent ;

C'étaient, le linot, le serin,

Le rouge-gorge et le tarin.

Tous les autres oiseaux, derrière eux se perchèrent.

Deux vieux chardonnerets, et deux jeunes pinsons,

Furent gardes du camp ; le merle était trompette ;

Il donne le signal. Aussitôt, la fauvette,

Fait entendre les plus *doux* sons ;

Avec adresse elle varie,

De ses accents filés la touchante harmonie,

Et ravit tous les cœurs par ses tendres chansons.

L'assemblée applaudit. Bientôt, on fait silence ;

Alors, le rossignol, commence :

Trois accords, purs, egaux, brillants,

Que termine une juste et parfaite cadence,

Sont le prélude de ses chants.

Ensuite, son gosier flexible,

Parcourant sans effort tous les tons de sa voix,

Tantôt vif, et pressé, tantôt lent et sensible,

Étonne, et ravit à la fois.

Les juges, cependant demeuraient en balance.

Le linot, le serin, de la fauvette amis,

Ne voulaient point donner le prix ;

Les autres, disputaient. L'assemblée en silence,

Écoutait leurs doctes avis,

Lorsqu'un geai, s'écria : Victoire à la fauvette !

Ce mot, décida sa défaite :

Pour le rossignol, aussitôt,

L'aréopage ailé, tout d'une voix s'explique.

Ainsi, le suffrage d'un sot,

Fait plus de mal, que sa critique.

L'HERMINE, LE CASTOR ET LE SANGLIER.

Une hermine, un castor, un jeune sanglier,

Cadets de leur famille, et partant, sans fortune,

Dans l'espoir d'en acquérir une,

Quittèrent leur forêt, leur étang, leur hallier.

Après un long voyage, après mainte aventure,

Ils arrivent dans un pays,

Où s'offrent à leurs yeux ravis,

Tous les trésors de la nature,

Des prés, des eaux, des bois, des vergers *pleins* de fruits.

Nos pélerins, voyant cette terre chérie,

Eprouvent les mêmes transports

Qu'Enée et ses Troyens, en découvrant les bords

Du royaume de Lavinie.

Mais ce riche pays, était, de toutes parts,

Entouré d'un marais de bourbe,

Où, des serpents et des lézards

Se jouait, l'*effroyable* tourbe ;

Il fallait, le passer, et nos trois voyageurs,

S'arrêtent sur le bord, étonnés et rêveurs.

L'hermine, la première, avance un peu, la patte :

Elle la retire aussitôt,

En arrière elle fait un saut,

En disant : Mes amis, fuyons en grande hâte :

Ce lieu, tout beau qu'il est, ne peut nous convenir :

Pour arriver là-bas , il faudrait se salir ;

Et moi , je suis si *délicate* ,

Qu'une *tache* , me fait mourir.

Ma sœur, dit le castor, un peu de patience ;

On peut , sans se tacher , quelquefois réussir.

Il faut alors du temps et de l'intelligence ;

Nous avons tout cela. Pour moi, qui suis maçon,

Je vais en *quinze* jours vous bâtir un *beau* pont,

Sur lequel , nous pourrons, sans craindre les morsures

De ces *vilains* serpents, sans gâter nos fourrures,

Arriver au milieu de ce charmant vallon.

Quinze jours ! ce terme , est bien long,

Répond le sanglier : moi, , j'y serai plus vite ;

Vous allez voir comment En prononçant ces mots .

Le voilà , qui se *précipite*

Au plus fort du bourbier, s'y *plonge* jusqu'au dos,

A travers les serpents, les *lézards*, les *crapauds*,

Marche, *pousse* à son but, arrive , *plein* de boue,

Et là, tandis qu'il se secoue,

Jetant à ses amis un' regard de *dédain* :

Apprenez, leur dit-il, comme on fait, son chemin.

LES SINGES ET LE LÉOPARD.

Des singes , dans un bois jouaient à la main chaude ;

Certaine guenon , mauricaude ,

Assise *gravement*, tenait sur ses genoux

La tête , de celui qui , courbant son échine ,

Sur sa main recevait les coups.

On *frappait fort* ; et puis , devine !

Il ne devinait point ; c'étaient alors des ris,

Des sauts, des gambades, des cris.... .

Attiré par , le bruit , du fond de sa tanière,

Un jeune léopard, prince , assez débonnaire,

Se présente au milieu de nos singes , joyeux.

Tout , tremble à son aspect. Continuez vos jeux,

Leur dit le léopard ; je n'en veux à personne.

Rassurez-vous : j'ai l'âme , bonne,

Et je viens même ici , comme particulier,

A vos plaisirs m'associer.

Jouons ! je suis de la partie.

—Ah ! Monseigneur, quelle *bonté* !

Quoi ! votre altesse , veut, quittant sa *dignité,*

Descendre *jusqu'*à nous! — Oui , c'est ma fantaisie :

Mon altesse , eut *toujours* de la philosophie,

Et sait que tous les animaux ,

Sont égaux.

Jouons donc, mes amis ; jouons, je vous en prie. .

Les singes enchantés , crurent à ce discours,

Comme l'on y croira , toujours.

Toute la troupe joviale ,

Se remet à jouer. L'un d'entre eux , tend la main ;

Le léopard , frappe, et soudain ,

On voit couler du sang sous la griffe royale.

Le singe , cette fois , devina qui frappait ;

Mais il s'en alla , sans le dire ;

Ses compagnons faisaient semblant de rire,

Et le léopard seul , riait.

Bientôt, chacun s'excuse, et s'échappe à la hâte,

En se disant entre leurs dents :

Ne jouons point avec les grands,

Le plus doux, a toujours des *griffes* à la patte.

LE CHEVAL ET LE POULAIN.

Un bon père cheval, veuf, et n'ayant qu'un fils,

L'élevait dans un pâturage,

Où les eaux, les fleurs et l'ombrage,

Présentaient à la fois tous les biens réunis.

Abusant pour jouir, comme on fait à cet âge,

Le poulain, tous les jours se *gorgeait* de sainfoin,

Se vautrait dans l'herbe fleurie,

Galopait sans objet, se baignait sans envie,

Ou se reposait sans besoin.

Oisif, et *gras* à lard, le jeune solitaire,

S'ennuya, se lassa de ne manquer de rien ;

Le dégoût vint bientôt. Il va trouver son père :

Depuis longtemps, dit-il, je ne me sens pas *bien* ;

Cette herbe est *malsaine*, et me *tue* ;

Ce trèfle , est sans saveur, cette onde , est corrompue ;

L'air qu'on respire ici , m'attaque les poumons ;

Bref , je meurs si nous ne partons.

Mon fils, répond le père, il s'agit de ta vie,

A l'instant même il faut partir.

Sitôt dit, sitôt fait, ils quittent leur patrie.

Le jeune voyageur , bondissait de plaisir.

Le vieillard , moins joyeux, allait , un train plus sage ;

Mais il guidait l'enfant, et le faisait gravir

Sur des monts escarpés, arides, sans herbage,

Où rien , ne pouvait le nourrir.

Le soir , vint,. point de pâturage ;

On s'en passa. Le lendemain,

Comme l'on commençait à souffrir de la faim,

On prit , du bout des dents , une ronce , sauvage.

On ne galopa plus le reste du voyage ;

A peine , après deux jours , allait-on , même au pas.

Jugeant alors la leçon , faite,

Le père , va reprendre une route secrète ,

Que son fils ne connaissait pas.

Et le ramène à la prairie,

Au milieu de la nuit. Dès que notre poulain

Retrouve un peu d'herbe fleurie,

Il se jette dessus : Ah ! l'excellent festin !

La bonne herbe ! dit-il ; comme elle est douce et tendre !

Mon père, il ne faut pas s'attendre

Que nous puissions rencontrer mieux.

Fixons-nous pour jamais dans ces aimables lieux.

Quel pays peut valoir cet asile champêtre ?

Comme il parlait ainsi, le jour vint à paraître.

Le poulain reconnaît le pré qu'il a quitté :

Il demeure confus. Le père, avec bonté,

Lui dit, mon cher enfant, retiens cette maxime :

Quiconque jouit trop, est bientôt dégoûté :

Il faut au bonheur du régime.

***

LE HIBOU ET LE PIGEON.

Que mon sort est affreux ! s'écriait un hibou ;
Vieux, infirme, souffrant, accablé de misère,

Je suis isolé sur la terre,

Et jamais un oiseau, n'est venu, dans mon trou,

Consoler un moment, ma douleur solitaire.

Un pigeon, entendit ces mots,

Et courut auprès du malade.

Hélas! mon pauvre camarade,

Lui dit-il, je *plains bien* vos maux;

Mais je ne conçois pas, qu'un hibou, de votre âge,

Soit sans épouse, sans parents,

Sans enfants, ou petits-enfants.

N'avez-vous point serré les nœuds du mariage,

Pendant le cours de vos beaux ans?

Le hibou, répondit : Non, vraiment, mon cher frère,

Me marier! et pourquoi faire?

J'en connaissais trop, le danger.

Vouliez-vous, que je prisse, une jeune chouette,

Bien étourdie et bien coquette,

Qui me trahît sans cesse, et me fît enrager;

Qui me donnât, des fils d'un *méchant* caractère,

Ingrats, menteurs, mauvais sujets,

Désirant en secret, le trépas de leur père ?

Car c'est ainsi, qu'ils sont tous faits.

Pour des parents, je n'en ai guère,

Et ne les vis jamais, ils sont durs, exigeants,

Pour le moindre sujet, s'irritent,

N'aiment, que ceux dont ils héritent ;

Encor ne faut-il pas, qu'ils attendent longtemps.

Tout frère, ou tout cousin, nous déteste et nous pille.

Je ne suis pas de votre avis,

Répondit le pigeon ; mais parlons des amis ;

Des orphelins, c'est la famille.

Vous avez dû, près d'eux, trouver quelques douceurs.

— Les amis ! ils sont tous trompeurs.

J'ai connu, deux hiboux qui tendrement s'aimèrent

Pendant quinze ans, et, certain jour,

Pour une souris s'égorgèrent.

Je crois à l'amitié, moins encor qu'à l'amour.

— Mais, ainsi, Dieu me le pardonne !

Vous n'avez donc aimé, personne ?

— Ma foi, non, soit dit entre nous.

— En ce cas là, mon cher, de quoi, vous plaignez-vous?

L'AVEUGLE ET LE PARALYTIQUE.

Aidons-nous, mutuellement :
La charge des malheurs, en sera plus légère ;
Le bien que l'on fait à son frère,
Pour le mal que l'on souffre, est un soulagement.
Confucius, l'a dit ; suivons tous, sa doctrine.
Pour la persuader aux peuples de la Chine,
Il leur contait le trait suivant :

Dans une ville de l'Asie,
Il existait deux malheureux,
L'un ; perclus, l'autre, aveugle, et pauvres tous les deux.
Ils demandaient au ciel, de terminer leur vie ;
Mais leurs cris étaient superflus,
Ils ne pouvaient mourir. Notre paralytique,
Couché, sur un grabat, dans la place publique,
Souffrait, sans être plaint ; il en souffrait bien plus.

L'aveugle, à qui tout pouvait nuire,

Était sans guide, sans soutien,

Sans avoir même, un pauvre chien,

Pour l'aimer, et pour le conduire.

Un certain jour, il arriva

Que l'aveugle, à tâtons, au détour d'une rue,

Près du malade se trouva.

Il entendit ses cris ; son âme en fut émue.

Il n'est tels que les malheureux,

Pour se plaindre, les uns les autres.

J'ai mes maux, lui dit-il, et vous avez les vôtres ;

Unissons-les, mon frère ; ils seront moins affreux.

Hélas ! dit le perclus, vous ignorez, mon frère,

Que je ne puis faire un seul pas.

A quoi nous servirait d'unir notre misère ?

A quoi ! répond l'aveugle ; écoutez : à nous deux,

Nous possédons, le bien à chacun nécessaire ;

J'ai des jambes, et vous, des yeux :

Moi, je vais vous porter ; vous, vous serez mon guide ;

Vos yeux dirigeront mes pas mal assurés ;

Mes jambes, à leur tour, iront où vous voudrez.

Ainsi, sans que jamais notre amitié décide,

Qui de nous deux, remplit le plus utile emploi,

Je marcherai, pour vous, vous y verrez, pour moi.

LA FABLE ET LA VÉRITÉ.

La Vérité, toute nue,

Sortit un jour de son puits.

Ses attraits, par le temps étaient un peu détruits ;

Jeune et vieux, fuyaient à sa vue :

La pauvre Vérité, restait là morfondue,

Sans trouver un asile où pouvoir habiter.

A ses yeux vient se présenter,

La Fable, richement vêtue,

Portant plumes et diamants,

La plupart faux, mais très-brillants.

Eh ! vous voilà ; bonjour, dit-elle,

Que faites-vous ici seule sur un chemin ?

La Vérité répond : Vous le voyez, je gèle.

Aux passants je demande en vain

De me donner une retraite ;

Je leur fais peur à tous. Hélas ! je le vois bien,

Vieille femme, n'obtient plus rien.

Vous êtes pourtant ma cadette,

Dit la Fable, et sans vanité,

Partout, je suis fort bien reçue.

Mais aussi, dame Vérité,

Pourquoi, vous montrer toute nue ?

Cela, n'est pas adroit. Tenez, arrangeons-nous ;

Qu'un même intérêt, nous rassemble :

Venez sous mon manteau ; nous marcherons ensemble.

Chez le sage, à cause de vous,

Je ne serai point rebutée ;

A cause de moi, chez les fous

Vous ne serez point maltraitée.

Servant par ce moyen, chacun, selon son goût,

Grâce à votre raison, et grâce à ma folie,

Vous verrez, ma sœur, que partout,

Nous passerons de compagnie.

LE PAPIER, L'ENCRE, LA PLUME ET LE CANIF.

Certain disciple d'Uranie,
D'un manuscrit, dont il était l'auteur,
Se promettait pour lui, gloire infinie,
Et *grand* profit, pour le lecteur.
Un soir, que, de cette chimère
Sa vanité, l'entretenait tout bas,
Un bruit, soudain, vint le distraire.
Et le voilà, témoin, auriculaire
Du plus étrange des débats.
Les querelleurs étaient, la plume,
Le papier, l'encre, et le canif ;
Tous quatre, du ton le plus *vif*,
Se disputaient l'honneur de l'éloquent volume.
Sans moi, leur disait le papier,
N'en doutez pas, le plan de cette œuvre immortelle,
Serait encor dans la cervelle
Du *grave* auteur qui va la publier.
Fort *bien*, mon très-blême compère,

Répondit l'encre avec aigreur ;

Dis cependant, et sois sincère,

Dis, ce que, de la *peau*, l'écrivain, eût su faire,

Sans le *beau* noir de ma couleur.

Comme chacun de vous parle à son avantage !

Que vous l'entendez *bien*, ajoutait à l'instant

La plume, comme on sait, sujette au bavardage !

J'admire votre ton ; sans mon *bec*, cependant,

Seriez-vous, l'un et l'autre, ici, du moindre usage ?

Oh ! oh ! le propos est plaisant,

Dit enfin le canif, et te voilà, bien *vaine*.

A qui dois-tu, ce *bec*, que tu nous *vantes tant* ?

Il était clos, qu'il t'en souvienne,

Et le serait encor, sans mon acier tranchant.

Là, de leur part cessa, toute apostrophe,

Et, grâces à leur vanité,

Dans cette affaire-ci, monsieur le philosophe,

Pour *rien*, fut à peu près compté.

Qu'on ne s'étonne point de leur folle *jactance* :

C'est celle de *beaucoup* de gens.

Qui, bien que mis en œuvre , en choses d'importance,

N'en sont pas moins, malgré leur suffisance,

De *mécaniques* instruments.

Mugneret.

LE PETIT ÉCOLIER.

Un *tout* petit enfant , s'en allait à l'école.

On avait dit : Allez !... Il tâchait , d'obéir ;

Mais son livre était *lourd*, il ne pouvait courir.

Il pleure, et suit de loin , une abeille qui vole.

« Abeille, lui dit-il, voulez-vous me parler ?

« Moi, je vais à l'école : il faut apprendre à lire ;

« Mais le maître est *tout* noir, et je n'ose pas rire !

« Voulez-vous rire, abeille, et m'apprendre à voler ?

« Non, dit-elle, j'arrive , et je suis *très-pressée*.

« J'avais froid : l'aquilon , m'a *longtemps* oppressée ;

« Enfin, j'ai vu les fleurs, je redescends du ciel,

« Et je vais commencer mon doux rayon de miel.

« Voyez ! j'en ai déjà puisé , dans quatre roses :

9

« Avant une heure encor nous en aurons d'écloses ;

« Vite, vite à la ruche ! on ne rit pas toujours :

« C'est pour faire le miel qu'on nous rend les beaux jours. »

L'enfant reste muet ; et, la tête baissée,

Rêve et compte ses pas, pour tromper son ennui,

Quand le livre importun, dont sa main est lassée,

Rompt ses fragiles nœuds, et tombe auprès de lui.

Un dogue l'observait du fond de sa demeure.

Stentor, gardien sévère et prudent à la fois,

De peur de l'effrayer, retient sa grosse voix.

Hélas ! peut-on crier contre un enfant qui pleure !

« Bon dogue, voulez-vous que je m'approche un peu ?

« Dit l'écolier plaintif. Je n'aime pas mon livre ;

« Voyez ! ma main est rouge ; il en est cause. Au jeu

« Rien ne fatigue, on rit ; et moi, je voudrais vivre

« Sans aller à l'école, où l'on tremble toujours.

« Je m'en plains tous les soirs, et j'y vais tous les jours ;

« J'en suis très-mécontent. Je n'aime aucune affaire.....

« Le sort des chiens me plaît, car ils n'ont rien à faire.

« — Ecolier ! voyez-vous le laboureur aux champs ?

« Eh bien ! ce laboureur, dit Stentor, c'est mon maître.

« Il est *très-vigilant* ; je le suis plus peut-être.

« Il dort la nuit, et moi ? j'écarte les méchants.

« J'éveille aussi ? ce *bœuf* ? qui ? d'un pas *lent*, mais *ferme*,

« Va creuser les sillons quand je garde la ferme.

« Pour vous-même, on travaille ; et, grâce à vos brebis,

« Votre mère, en chantant, vous file des habits.

« Par le travail ? tout plaît, *tout s'unit*, *tout s'arrange* :

« Allez donc à l'école ; allez, mon petit ange !

« Les chiens ne lisent pas ; mais la chaîne est pour eux.

« L'ignorance ? *toûjoûrs* mène à la servitude.

« Les hommes, qui sont fins, nous défendent l'étude,

« Ils craignent ? de nous voir être savants comme eux.

« Enfant, vous serez homme, et, si vous savez lire,

« Les chiens vous serviront. »

                      L'enfant ? l'écouta dire,

Et même il le baisa. Son livre ? était moins lourd.

En quittant le bon dogue, il pense, il marche, il court.

L'espoir d'être homme un jour ? lui ramène un sourire.

A l'école, un peu tard, il arrive gaîment,
Et, dans le mois des fruits, il lisait, couramment.

Mme DESBORDES-VALMORE.

LA FEUILLE.

(Fable composée en 1815, après la chute de Napoléon.)

De ton rameau détachée,

Pauvre feuille desséchée,

Où vas-tu ? — Je n'en sais rien :

L'orage, a brisé, le chêne,

Qui, seul, était mon soutien ;

De son inconstante haleine,

Le zéphire ou l'aquilon,

Depuis ce jour, me promène,

De la forêt, à la plaine,

De la montagne, au vallon.

Je vais où le vent me mène,

Sans me plaindre, ou m'effrayer,

Je vais où va toute chose ;

Où va, la feuille, de rose,

Et la feuille, de laurier.

ARNAULT

ÉLÉGIES.

DERNIERS VERS DE GILBERT.

J'ai révélé mon cœur au Dieu de l'innocence ;
  Il a vu mes pleurs pénitents,
Il bénit mes remords, il m'arme de constance ;
  Les malheureux sont ses enfants.

Mes ennemis, riant, ont dit dans leur colère :
  Qu'il meure, et sa gloire avec lui !
Mais à mon cœur contrit le Seigneur dit en père :
  Leur haine sera ton appui.

Soyez béni, mon Dieu, vous, qui daignez me rendre
  L'innocence et son noble orgueil,
Vous qui, pour protéger le repos de ma cendre,
  Veillerez près de mon cercueil.

Au banquet de la vie, infortuné convive,

J'apparus un jour, et je meurs;

Je meurs, et, sur la tombe où lentement j'arrive,

Nul, ne viendra verser des pleurs.

Salut ! champs que j'aimais, salut ! douce verdure,

Et vous, riant exil des bois,

Ciel, pavillon de l'homme, admirable nature,

Salut, pour la *dernière* fois !

Ah ! puissent voir *longtemps* votre beauté sacrée,

Tant d'amis, sourds à mes adieux !

Qu'ils meurent, *pleins* de jours ! que leur mort soit pleurée,

Qu'un ami, leur ferme les yeux !

VERS COMPOSÉS PAR ANDRÉ CHÉNIER

LE MATIN DU JOUR DE SON EXÉCUTION, VII THERMIDOR.

Comme un dernier rayon, comme un dernier zéphire,

Anime la fin d'un beau jour,

Au pied de l'échafaud, j'essaie encor ma lyre :

Peut-être , est-ce bientôt mon tour ;

Peut-être , avant que l'heure en cercle promenée

Ait posé sur l'émail brillant,

Dans les soixante pas où sa course est bornée,

Son pied sonore et vigilant,

Le sommeil du tombeau , pressera ma paupière.

Avant que , de ses deux moitiés

Ce vers, que je commence , ait atteint la dernière ;

Peut-être , en ces murs effrayés ,

Le messager de mort, noir recruteur des ombres,

Escorté d'infâmes soldats,

Remplira de mon nom , ces longs corridors sombres.

. . . .

. . . .

(Il était huit heures du matin, on appela André Chénier, et la
pièce ne fut pas achevée.)

LE PAUVRE NÈGRE.

Ravi , naguère , aux côtes de Guinée,

Le pauvre nègre, accablé de ses maux,

Pleurait un jour sa *triste* destinée,

Et de soupirs accompagnait ces mots :

« Qu'ai-je donc fait au Dieu de la nature,

Pour qu'il m'impose esclavage et *douleur* ?

Ne suis-je pas aussi ? sa créature ?

Est-ce forfait ? que ma noire couleur ?

« Comme le blanc, dont la *rigueur* m'oppresse,

N'étais-je pas formé pour le bonheur ?

J'aimais Nelzi : seule ? elle eut ma tendresse,

Et son regard ? faisait *battre* mon cœur.

Heureux époux, j'allais devenir père ;

O cher enfant, gage de notre amour,

Respires-tu ? pour consoler ta mère ?

As-tu péri ? sans connaître le jour ?

« Je ne pourrai te bercer dans ta couche,

Enfant aimé, que n'ont point vu mes yeux,

Ni te sourire ? en pressant sur ta bouche ?

De l'oranger les fruits *délicieux*,

Ni t'enseigner, dès ta *robuste* enfance,

L'art d'assoupir un serpent venimeux,
Ou de surprendre un lion , sans défense,
Ou de plonger sous les flots écumeux.

« Oh ! plus jamais je ne verrai , l'ombrage
Des bananiers que je plantai pour toi,
Ni , l'antre sombre , où, par un jour d'orage,
O ma Nelzi, tu promis d'être à moi !
Ni la cabane , à mon cœur toujours chère,
Qu'en ses vieux ans mon père me transmit,
Ni le ruisseau de la roche , où ma mère ,
Du grand sommeil , dans mes bras s'endormit.

« Un soir (c'était à cette même source),
Je reposais sous le vert citronnier ;
Les blancs cruels , revinrent de leur course :
A mon réveil j'étais leur prisonnier.....
Je résistais..... l'un d'eux , fit , sur ma tête
Tomber les coups de la verge de fer :
Désespéré , j'invoquai la tempête,
Et je pleurais en regardant la mer. »

Comme il chantait sa chanson d'esclavage,

Le négrier, sur ses bords descendit

Un Africain, de son lointain rivage :

Zabbi, l'appelle, et l'embrassant, lui dit :

« De ma Nelzi, frère, quelle nouvelle ?

L'autre, se tait, mais il montre les cieux :

— Je t'entends ! morte ! et l'enfant ? — Mort comme elle.

— *Bien* ! » et la *joie* éclata dans ses yeux.

Deux jours entiers, *jetant* sa nourriture,

Il haleta, sous un ciel embrasé,

Et du matin jusqu'à la nuit obscure,

De ses sueurs le sol fut arrosé.

Vers le retour de la troisième aurore,

La verge en main, son maître, reparut :

« Lève-toi ! — Non ! Je puis dormir encore :

Je deviens libre..... » et sur l'heure, il mourut.

MILLEVOYE.

LA PAUVRE FILLE.

J'ai fui ce pénible sommeil,
Qu'aucun songe heureux n'accompagne ;
J'ai devancé sur la montagne,
Les premiers rayons du soleil.

S'éveillant avec la nature,
Le jeune oiseau chantait, sur l'aubépine en fleurs ;
Sa mère, lui portait sa douce nourriture ;
Mes yeux se sont mouillés de pleurs.

Oh ! pourquoi, n'ai-je pas de mère ?
Pourquoi, ne suis-je pas semblable au jeune oiseau,
Dont le nid, se balance aux branches de l'ormeau ?
Rien ne m'appartient sur la terre,
Je n'eus pas même de berceau,
Et je suis un enfant trouvé sur une pierre,
Devant l'église du hameau.

Loin de mes parents exilée,
De leurs embrassements j'ignore la douceur,

Et les enfants de la vallée ,

Ne m'appellent jamais leur sœur !

Je ne partage pas les jeux de la veillée ;

Jamais, sous son toit de feuillée,

Le joyeux laboureur ne m'invite à m'asseoir ;

Et , de loin , je vois sa famille,

Autour du sarment qui pétille,

Chercher, sur ses genoux, les caresses du soir.

Vers la chapelle hospitalière ,

En pleurant , j'adresse mes pas,

La seule demeure , ici-bas ,

Où je ne sois point étrangère,

La seule , devant moi , qui ne se ferme pas !

Souvent , je contemple la pierre

Où commencèrent mes douleurs ;

J'y cherche , la trace des pleurs ,

Qu'en m'y laissant , peut-être , y répandit ma mère...

Souvent aussi , mes pas errants ,

Parcourent , des tombeaux l'asile solitaire ;

Mais, pour moi, les tombeaux sont tous indifférents ;

La pauvre fille est sans parents,

Au milieu des cercueils, ainsi que sur la terre !

J'ai pleuré, quatorze printemps,

Loin des bras qui m'ont repoussée :

Reviens, ma mère, je t'attends,

Sur la pierre où tu m'as laissée !

Al. Soumet.

L'ANGE ET L'ENFANT.

Un ange, au radieux visage,

Penché sur le bord d'un berceau,

Semblait, contempler son image,

Comme dans l'onde d'un ruisseau.

Charmant enfant, qui me ressemble,

Disait-il, oh ! viens avec moi ;

Viens, nous serons heureux ensemble,

La terre, est indigne de toi.

10

Là, jamais entière allégresse ;
L'âme, y souffre de ses plaisirs ;
Les cris de joie ont leur tristesse,
Et les voluptés, leurs soupirs.

La crainte, est de toutes les fêtes ;
Jamais un jour, calme et serein,
Du choc ténébreux des tempêtes
N'a garanti le lendemain.

Eh quoi ! les chagrins, les alarmes,
Viendraient troubler, ce front si pur?
Et, par l'amertume des larmes,
Se terniraient ces yeux d'azur ?

Non, non, dans les champs de l'espace,
Avec moi, tu vas t'envoler ;
La Providence, te fait grâce
Des jours que tu devais couler.

Que personne, dans ta demeure,
N'obscurcisse ses vêtements.

Qu'on accueille ta dernière heure,

Ainsi que tes premiers moments.

Que les fronts y soient sans nuage ;

Que rien n'y révèle un tombeau ;

Quand on est pur comme à ton âge,

Le dernier jour est le plus beau.

Et, secouant ses blanches ailes,

L'ange, à ces mots, prit son essor

Vers les demeures éternelles.......

Pauvre mère....... ton fils y est mort !.......

REBOUL.

LE VALLON.

Mon cœur, lassé de tout, même de l'espérance,

N'ira plus, de ses vœux importuner le sort.

Prêtez-moi seulement, vallons de mon enfance,

Un asile d'un jour, pour attendre la mort.

Voici, l'étroit sentier de l'obscure vallée ;

Du flanc de ces coteaux pendent des bois épais,

Qui, courbant sur mon front leur ombre entremêlée,

Me couvrent tout entier, de silence et de paix.

Là, deux ruisseaux, cachés sous des ponts de verdure,

Tracent en serpentant les contours du vallon ;

Ils mêlent un moment, leur onde et leur murmure,

Et, non loin de leur source, ils se perdent sans nom.

La source de mes jours, comme eux s'est écoulée ;

Elle a passé, sans bruit, sans nom, et sans retour ;

Mais leur onde est limpide, et mon âme *troublée*,

N'aura pas réfléchi les clartés d'un *beau* jour.

Repose-toi, mon âme, en ce dernier asile,

Ainsi qu'un voyageur, qui, le cœur plein d'espoir,

S'assied, avant d'entrer, aux portes de la ville,

Et respire un moment, l'air embaumé du soir.

LAMARTINE.

L'ISOLEMENT.

Souvent, sur la montagne, à l'ombre du vieux chêne,

Au coucher du soleil, *tristement* je m'assieds ;

Je promène au hasard mes regards sur la plaine,
Dont le tableau , changeant , se déroule à mes pieds.

Ici , gronde le fleuve aux vagues écumantes ;
Il serpente, et s'enfonce en un lointain obscur ;
Là, le lac , immobile , étend ses eaux dormantes ,
Où l'étoile du soir , se lève dans l'azur.

Au sommet de ces monts , couronnés de bois sombres,
Le crépuscule , encor jette , un dernier rayon ;
Et le char *vaporeux* de la reine des ombres ,
Monte et *blanchit* déjà les bords de l'horizon.

Cependant, s'élançant de la flèche gothique,
Un son religieux se répand dans les airs :
Le voyageur , s'arrête, et la cloche rustique ,
Aux derniers bruits du jour mêle de saints concerts.

Mais à ces *doux* tableaux mon âme , indifférente ,
N'éprouve devant eux , ni charme, ni transports ;
Je contemple la terre , ainsi qu'une ombre errante :
Le soleil des vivants n'échauffe plus les morts.

Quand la feuille des bois tombe dans la prairie,
Le vent du soir s'élève, et l'arrache aux vallons ;
Et moi, je suis semblable à la feuille *flétrie* :
Emportez-moi comme elle, orageux aquilons.

LAMARTINE.

LORD BYRON.

Toi, dont le monde, encore ignore le *vrai* nom,
Esprit mystérieux, mortel, ange ou démon,
Qui que tu sois, Byron, *bon*, ou *fatal génie*,
J'aime, de tes concerts la sauvage harmonie,
Comme j'aime, le bruit de la foudre et des vents,
Se mêlant dans l'orage à la voix des torrents.
La nuit, est ton séjour. l'horreur, est ton domaine ;
L'aigle, roi des déserts, dédaigne ainsi la plaine,
Il ne veut, comme toi, que des *rocs* escarpés,
Que l'hiver a *blanchis*, que la foudre a *frappés* ;
Des rivages, couverts des débris du naufrage,
Ou des champs, tout noircis des restes du carnage ;

Et, tandis que l'oiseau qui chante ses douleurs,

Bâtit, au bord des eaux, son nid, parmi les fleurs,

Lui, des sommets d'Athos franchit l'horrible cîme,

Suspend aux flancs des monts son airë sur l'abîme ;

Et là, seul, entouré, de membres *palpitants*,

De rochers, d'un sang noir sans cesse *dégouttants*,

Trouvant sa *volupté* dans les *cris* de sa proie,

Bërcë, pär lä tëmpête, ïl s'ëndört däns së joïe.

Et toi, Byron, semblable à ce *brigand* des airs,

Lës *cris* dü désëspoïr sönt tës *plüs* doüx cöncërts ;

Le mäl, est ton spectacle, et l'homme, est ta victime.

Tön œïl, comme Sätän, ä mësürë, l'abïme,

Et ton âme, y *plongeant*, loin du monde, et de Dieu,

Ä dït à l'ëspërance ün ëtërnël ädïëu.

Comme lui, maintenant, régnant dans les ténèbres,

Tön génïe ïnvÿncïble, éclätë, ën chänts fünebres,

Il *triomphe*, et ta voix, sur un mode infernal,

Chäntë l'hÿmnë dë gloïre aü sömbre dïëu, dü mäl.

Ah ! si, du sein profond des ombres éternelles,

Comme un ange tombé, tu secouais tes ailes,

Et, prenant vers le ciel un lumineux essor,

Parmi les chœurs sacrés tu t'asseyais encor,

Jamais, jamais l'écho de la céleste voûte,

Jamais ces harpes d'or, que Dieu lui-même, écoute,

Jamais, des séraphins les chœurs mélodieux,

De plus divins accords n'auraient ravi les cieux.

LAMARTINE.

LE LAC.

Ainsi, toujours poussés vers de nouveaux rivages,

Dans la nuit éternelle emportés sans retour,

Ne pourrons-nous jamais, sur l'océan des âges,

   Jeter l'ancre un seul jour ?

Ô lac ! l'année, à peine a fini sa carrière,

Et, près des flots chéris qu'elle devait revoir,

Regarde! je viens seul m'asseoir, sur cette pierre,

   Où tu la vis s'asseoir !

Tu mugissais ainsi, sous ces roches profondes,

Ainsi, tu te *brisais* sur leurs flancs *déchirés*,

Ainsi, le vent, jetait l'écume de tes ondes,
>> Sur ses pieds adorés.

Un soir, t'en souvient-il? nous voguions en silence;
On n'entendait, au loin, sur l'onde et sous les cieux,
Que le bruit des rameurs, qui frappaient en cadence,
>> Tes flots harmonieux.

Tout à coup, des accents inconnus à la terre,
Du rivage charmé frappèrent les échos;
Le flot, fut attentif, et la voix qui m'est chère,
>> Laissa tomber ces mots:

O temps! suspends ton vol; et vous, heures propices!
>> Suspendez votre cours.
Laissez-nous, savourer les rapides délices,
>> Des plus beaux de nos jours!

Mais je demande en vain, quelques moments encore;
>> Le temps, m'échappe, et fuit;
Je dis à cette nuit: Sois plus lente; et l'aurore,
>> Va dissiper la nuit.

O lac ! rochers muets ! grottes ! forêt obscure !
Vous que le temps épargne, ou qu'il peut rajeunir,
Gardez, de cette nuit, gardez, belle nature,
      Au moins le souvenir !

Qu'il soit, dans ton repos, qu'il soit dans tes orages,
Beau lac, et dans l'aspect de tes riants coteaux,
Et dans ces noirs sapins, et dans ces rocs sauvages,
      Qui pendent sur tes eaux !

Que le vent qui gémit, le roseau qui soupire,
Que les parfums légers de ton air embaumé,
Que tout ce qu'on entend, l'on voit ou l'on respire,
      Tout dise : Ils ont aimé !

LAMARTINE.

LE CRUCIFIX.

Toi, que j'ai recueilli, sur sa bouche expirante,
Avec son dernier souffle, et son dernier adieu,
Symbole, deux fois saint, don, d'une main mourante.
      Image de mon Dieu !

Que de pleurs ont coulé sur tes pieds que j'adore,

Depuis l'heure sacrée où, du sein d'un martyr,

Dans mes tremblantes mains tu passas, tiède encore

De son dernier soupir !

Les saints flambeaux jetaient une dernière flamme ;

Le prêtre, murmurait ces doux chants de la mort,

Pareils aux chants plaintifs que murmure une femme,

A l'enfant qui s'endort.

De son pieux espoir, son front, gardait la trace,

Et sur ses traits, frappés d'une auguste beauté,

La douleur fugitive, avait empreint sa grâce,

La mort, sa majesté.

Le vent, qui caressait sa tête échevelée,

Me montrait, tour à tour, ou me voilait ses traits,

Comme l'on voit flotter, sur un blanc mausolée,

L'ombre des noirs cyprès.

Un de ses bras, pendait, de la funèbre couche ;

L'autre, languissamment replié sur son cœur,

Semblait chercher encore , et presser sur sa bouche ,

L'image du Sauveur.

Maintenant , tout dormait sur sa bouche *glacée*,

Le souffle , se taisait dans son sein , endormi,

Et , sur l'œil sans regard , la paupière affaissée ,

Retombait à demi.

Et moi, debout, saisi d'une terreur secrète,

Je n'osais m'approcher de ce reste adoré,

Comme si ,.du trépas la *majesté* muette ,

L'eût déjà consacré.

Je n'osais. ... mais le prêtre , entendit mon silence,

Et , de ses doigts glacés prenant le crucifix :

« Voilà le souvenir, et voilà l'espérance :

« Emportez-les, mon fils. »

Oui, tu me resteras, ô funèbre héritage !

Sept fois, depuis ce jour, l'arbre que j'ai planté ,

Sur sa tombe sans nom , a changé de feuillage :

Tu ne m'as pas quitté.

Placé près de ce cœur, hélas ! où tout y s'efface,

Tu l'as, contre le temps, défendu de l'oubli,

Et mes yeux, goutte à goutte, ont imprimé leur trace,

    Sur l'ivoire amolli.

Ô dernier confident de l'âme qui s'envole,

Viens, reste sur mon cœur ! parle encore, et dis-moi

Ce qu'elle te disait, quand sa faible parole,

    N'arrivait plus qu'à toi ;

A cette heure douteuse, où l'âme recueillie,

Se cachant sous le voile épaissi sur nos yeux,

Hors de nos sens glacés, pas à pas se replie,

    Sourde aux derniers adieux ;

Alors qu'entre la vie et la mort, incertaine,

Comme un fruit, par son poids détaché du rameau,

Notre âme est suspendue, et *tremble*, à chaque haleine,

    Sur la nuit du tombeau ;

Quand, des chants, des sanglots la confuse harmonie,

N'éveille déjà plus notre esprit endormi,

Aux lèvres du mourant , collé dans l'agonie ,
Comme un dernier ami ;

Pour éclaircir , l'horreur de cet étroit passage,
Pour relever , vers Dieu , son regard abattu,
Divin consolateur, dont je baise l'image,
Réponds ! que lui dis-tu ?

Tu sais, tu sais mourir ! et tes larmes divines,
Dans cette nuit terrible , où tu prias en vain,
De l'olivier sacré baignèrent les racines ,
Du soir jusqu'au matin.

De la croix , où ton œil sonda ce grand mystère,
Tu vis ta mère en pleurs, et la nature en deuil ;
Tu laissais , comme nous , tes amis sur la terre,
Et ton corps au cercueil !

Au nom de cette mort, que ma faiblesse , obtienne ,
De rendre sur ton sein , ce douloureux soupir ;
Quand mon heure viendra, souviens-toi de la tienne,
O toi , qui sais mourir !

Je chercherai la place, où sa bouche expirante,
Exhala sur tes pieds l'irrévocable adieu,
Et son âme, viendra guider mon âme errante
    Au sein du même Dieu.

Ah ! puisse, puisse alors, sur ma funèbre couche,
Triste et calme à la fois, comme un ange éploré,
Une figure, en deuil, recueillir sur ma bouche,
    L'héritage, sacré !

Soutiens ses derniers pas, charme sa dernière heure,
Et, gage consacré d'espérance et d'amour,
De celui qui s'éloigne, à celui qui demeure,
    Passe ainsi, tour à tour !

Jusqu'au jour où, des morts perçant la voûte sombre,
Une voix, dans le ciel les appelant sept fois,
Ensemble éveillera, ceux qui dorment à l'ombre
    De l'éternelle croix !

LAMARTINE.

POÉSIE LYRIQUE.

ODE SUR NAPOLÉON.

Sur un écueil, battu par la vague plaintive,

Le nautonnier, de loin voit *blanchir* sur la rive,

Un tombeau, près du bord, par les flots déposé.

Le temps n'a pas encor bruni l'étroite pierre,

Et, sous le vert tissu de la ronce et du lierre,

  On distingue....... un sceptre, brisé.

Ici gît !.... point de nom ! demandez à la terre :

Ce nom ? il est inscrit en sanglant caractère,

Des bords du Tanaïs au sommet du Cédar,

Sur le bronze et le marbre, et sur le sein des braves,

Et *jusque* dans le cœur de ces troupeaux d'esclaves,

  Qu'il foulait, *tremblants* sous son char.

Depuis les deux grands noms qu'un siècle, au siècle annonce,

Jamais *nom*, qu'ici bas toute langue prononce,

Sur l'aile de la foudre aussi loin ne vola ;

Jamais, d'aucun mortel le pied, qu'un souffle efface,

N'imprima sur la terre une plus forte trace,

Et ce pied, s'est arrêté, là.

Il est là..... sous trois pas un enfant, le mesure ;

Son ombre, ne rend pas même un *léger* murmure ;

Le pied d'un ennemi, foule en paix son cercueil ;

Sur ce front foudroyant le moucheron bourdonne,

Et son ombre, n'entend que le bruit monotone,

D'une vague, contre un écueil.

Ne crains pas toutefois, ombre encore inquiète,

Que je vienne outrager ta *majesté*, muette ;

Non, ma lyre, aux tombeaux n'a jamais insulté.....

La mort fut de tout temps l'asile de la gloire ;

Rien, ne doit, jusqu'ici poursuivre une mémoire,

Rien, excepté la *vérité*.

Les dieux étaient tombés, les trônes étaient vides :

La victoire, te prit sur ses ailes rapides,

D'un peuple de Brutus la gloire, le fit roi ;

Ce fleuve, dont l'écume entraînait dans sa course

Les mœurs, les rois, les dieux, refoulé vers sa source,

Réculă d'ŭn pās dĕvănt tŏĭ.

Gloire, honneur, liberté, ces mots que l'homme adore,

Retentissaient pour toi comme l'airain sonore,

Dont un stupide écho répète au loin le son.

De cette langue, en vain ton oreille frappée,

Ne comprit ici-bas que le *cri* de l'épée,

Et le mâle accord du clairon.

Superbe, et dédaignant ce que la terre admire,

Tu ne demandais rien au monde, que l'empire ;

Tu marchais, tout obstacle, était ton ennemi ;

Ta volonté, *vŏlaĭt*, comme le trait rapide,

Qui va frapper, le but où le regard le guide,

Même à travers un cœur ami.

Tu *grandis*, sans plaisir, tu *tombas*, sans murmure.

Rien d'humain, ne *battait* sous ton épaisse armure ;

Sans haine et sans amour, tu vivais pour penser ;
Comme l'aigle, régnant dans un ciel solitaire,
Tu n'avais qu'un regard pour mesurer la terre,

    Et des serres, pour l'embrasser.

S'élancer d'un seul bond, au char de la victoire,
Foudroyer l'univers des splendeurs de ta gloire,
Fouler d'un même pied, les tribuns et les rois,
Forger un joug, trempé dans l'amour et la haine,
Et faire frissonner, sous le frein qui l'enchaîne :

    Un peuple, échappé de ses lois ;

Être, d'un siècle entier la pensée et la vie,
Émousser le poignard, décourager l'envie,
Ébranler, raffermir l'univers incertain,
Aux sinistres clartés de ta foudre qui gronde,
Vingt fois, contre les dieux jouer, le sort du monde,

    Quel rêve ! et ce fut, ton destin........

Tu tombas cependant de ce sublime faîte.
Sur un rocher désert jeté par la tempête,

Tu vis tes ennemis déchirer ton manteau,

Et le sort, ce seul dieu qu'adora ton audace,

Pour dernière faveur ᷄ t'accorda cet espace ᷄

Entre le trône ᷄ et le tombeau.

LAMARTINE.

ODE SUR L'ÉTOILE DE LA LÉGION D'HONNEUR,

COMPOSÉE EN 1831, PENDANT L'INSURRECTION DE LA POLOGNE.

Il avait bien compris, le monarque des camps,

Tout ce qui ᷄ dans les cœurs allume des *volcans*,

Tout ce qu'à des soldats l'enthousiasme ᷄ inspire :

Un jour, pour les guider dans leur *noble* chemin,

Cet homme ᷄ fit un astre, et le mit de sa main ᷄

Au *firmament* de son empire.

Du signe ᷄ qu'il créa ᷄ pour parer notre sein,

Lui-même ᷄ sur l'émail découpa le dessin ;

Il s'en fit le dépositaire.

Électrique foyer de nos vieux bataillons,

On eût dit ᷄ que sa gloire éclatait en rayons ᷄

Sur tout son peuple ᷄ *militaire*.

Aussi, quand il passait dans son *rapide* essor,
De ses magiques dons prodiguant le trésor,
Il semblait, de l'honneur secouer les parcelles ;
Et du centre, aux deux bouts du poudreux horizon -
Sa main, semait les croix, comme un *rouge* tison,
    Jětte, ĕn coŭrănt, des étincelles.

L'ennemi, croyait voir des astres de *malheur*,
Comètes, dont la flamme à la *triple* couleur
    Brillait dans l'ardente mêlée.
Les lourds carrés de fer, se *fendaient* en sillons,
Quand, devant leurs fusils tombait en tourbillons
    La *Garde*, toute *constellée*.

Heureux qui, par la croix s'était vu *rajeuni* !
Le pontife des camps, semblait l'avoir *béni* ;
La croix était un culte ; il était *beau* d'y croire.
Quand, après la bataille, il parcourait les *rangs*,
L'Empereur, la donnait aux soldats expirants,
    Comme un *viatique* de *gloire*.

Lui-même, quand rêveur au bord des flots amers,

De la pointe du pied qui foula l'univers,

Il repoussait l'algue marine,

Que de fois il *bondit* d'un sublime *réveil*,

En appliquant sa croix comme un *doux appareil*

Sur le *cancer* de sa poitrine !

Astre *consolateur*, même encore aujourd'hui,

Ce n'est pas vainement que ta lumière a lui

Sur l'Escaut, le Tibre et le Tage :

Les peuples étrangers au cœur reconnaissant,

Qui pour te conquérir ont *prodigué* leur sang,

Te montrent comme un héritage.

Sur la noble Vistule aujourd'hui tu *renais* ;

A leur généreux sein quelques vieux Polonais

Ont *replacé* la croix ravie,

Et l'aigle blanc regarde au fond des cieux *déserts*,

Si l'aigle *fraternel* qui *fatigua* les airs,

N'arrive pas sur Varsovie.

BARTHÉLEMY.

CHANT DE FÊTE DE NÉRON.

Amis. l'ennui nous tue, et le sage l'évite.
Venez tous, contempler la fête où vous invite
Néron, César, consul pour la troisième fois,
Néron, maître du monde et dieu de l'harmonie,
Qui, sur le mode d'Ionie,
Chante en s'accompagnant de la lyre à dix voix.

Que mon joyeux appel, sur l'heure vous rassemble,
Jamais vous n'aurez vu tant de plaisirs ensemble,
Sous nos tentes d'Asie aux brillantes couleurs,
Lorsqu'aux accords des luths, le préfet des Bataves
Jetait aux lions vingt esclaves,
Dont on avait caché les chaînes sous des fleurs.

Venez : Rome, à vos yeux va brûler, Rome entière ;
J'ai fait, sur cette tour apporter ma litière,
Pour contempler la flamme, en bravant ses torrents.
Que sont les vains combats des tigres et de l'homme ?

Les sept monts, aujourd'hui sont un grand cirque, où Rome,

Lutte, avec les feux dévorants.

C'est ainsi, qu'il convient au maître de la terre,

De charmer, son ennui profond et solitaire ;

Il doit lancer parfois la foudre, comme un Dieu.

Mais venez, la nuit, tombe, et la fête commence.

Déjà, l'incendie, hydre immense,

Lève son aile sombre, et ses langues de feu.

Fier Capitole, adieu ! Dans les feux qu'on excite,

L'aqueduc de Sylla, semble un pont du Cocyte.

Néron, le veut : ces murs, ces dômes, tomberont.

Bien ! sur Rome, à la fois toute la flamme gronde.

Rends-lui grâce, reine du monde,

Vois, quel beau diadème il attache à ton front

Enfant, l'on me disait, que les voix sibyllines,

Promettaient l'avenir aux murs des sept collines,

Qu'auprès de Rome, enfin, mourrait, le temps dompté ;

Que son astre immortel, n'était qu'à son aurore.

Mes amis, dites-moi , combien d'heures encore ,

    Doit durer son éternité.

Qu'un incendie est *beau*, lorsque la nuit est noire !

Erostrate, lui-même, eût envié ma gloire.

D'un peuple , à mes plaisirs qu'importent les douleurs ?

Il fuit, de toutes parts le *brasier* l'environne.

    Otez de mon front ma couronne :

Le feu qui brûle Rome, en flétrirait les fleurs.

Je punis cette Rome, et je me *venge* d'elle.....

Ne poursuit-elle pas d'un encens in*f*idèle ,

Tour à tour , Jupiter , et ce Christ odieux ?

Je veux , qu'à leur niveau sa terreur me contemple !

    Je veux avoir aussi mon temple,

Puisque ces *vils* mortels n'ont pas assez de dieux.

J'ai détruit Rome, afin de la fonder plus belle.

Mais que sa chute, au moins, *brise* la croix rebelle :

Plus de chrétiens ! Allez, exterminez-les tous.

Que Rome , de ses maux punisse en eux les causes ;

Exterminez..... Esclave, apporte-moi des roses,

Le parfum de la rose , est doux.

VICTOR HUGO.

ODE TIRÉE DU CANTIQUE D'ÉZÉCHIAS.

POUR UNE PERSONNE CONVALESCENTE.

J'ai vu , mes tristes journées

Décliner vers leur penchant ;

Au midi de mes années ,

Je touchais à mon couchant.

La mort, déployant ses ailes,

Couvrait d'ombres éternelles ,

La clarté dont je jouis,

Et , dans cette nuit funeste,

Je cherchais en vain , le reste

De mes jours évanouis

Grand Dieu, votre main réclame
Les dons que j'en ai reçus ;
Elle vient couper la trame
Des jours qu'elle m'a tissus.
Mon dernier soleil se leve,
Et votre souffle m'enlève
De la terre des vivants,
Comme la feuille séchée,
Qui, de sa tige arrachée,
Devient le jouet des vents.

Comme un tigre impitoyable,
Le mal a *brisé* mes os ;
Et sa rage insatiable
Ne me laisse aucun repos.
Victime faible et tremblante,
A cette image sanglante,
Je soupire, nuit et jour ;
Et, dans ma crainte mortelle,
Je suis comme l'hirondelle

Sous la *griffe* du vautour.

Ainsi, de cris et d'alarmes,
Mon mal, semblait se nourrir ;
Et mes yeux, noyés de larmes,
Étaient lassés de s'ouvrir.
Je disais à la nuit sombre :
O nuit ! tu vas, dans ton ombre
M'ensevelir pour toujours !
Je redisais à l'aurore :
Le jour que tu fais éclore.
Est le dernier de mes jours.

Mon âme, est dans les ténèbres,
Mes sens, sont glacés d'effroi.
Écoutez mes cris funèbres,
Dieu juste, répondez-moi.
Mais enfin, sa main propice
A comblé le précipice
Qui s'entrouvrait sous mes pas ;
Son secours me fortifie,

Et me fait trouver la vie,
Dans les horreurs du trépas.

Seigneur, il faut, que la terre
Connaisse en moi vos bienfaits.
Vous ne m'avez fait la guerre,
Que pour me donner la paix.
Heureux l'homme, à qui la grâce,
Départ, ce don efficace
Puisé dans ses saints trésors,
Et qui, rallumant sa flamme,
Trouve la santé de l'âme,
Dans les souffrances du corps !

C'est pour sauver la mémoire
De vos immortels secours,
C'est pour vous, pour votre gloire,
Que vous prolongez nos jours.
J'irai, Seigneur, dans vos temples,
Réchauffer par mes exemples,
Les mortels les plus glacés,

Et, vous offrant mon hommage,

Leur montrer l'unique usage,

Des jours que vous leur laissez.

J.-B. Rousseau.

CANTATE DE CIRCÉ.

Sur un rocher désert, l'effroi de la nature,

Dont l'aride sommet semble toucher les cieux,

Circé, pâle, interdite, et la mort dans les yeux,

Pleurait sa funeste aventure.

Là, ses yeux, errant sur les flots,

D'Ulysse fugitif semblaient suivre la trace.

Elle croit voir encor son volage héros ;

Et cette illusion, soulageant sa disgrâce,

Elle le rappelle en ces mots,

Qu'interrompent cent fois, ses pleurs et ses sanglots :

« Cruel auteur des troubles de mon âme,

Que la pitié retarde un peu tes pas ;

Tourne un moment les yeux sur ces climats.

Et , si ce n'est pour partager ma flamme,

Reviens du moins , pour hâter mon trépas.

« Ce triste cœur, devenu ta victime,

Chérit encor l'amour qui l'a surpris :

Amour fatal ! ta haine , en est le prix.

Tant de tendresse, ô dieux ! est-elle un crime ,

Pour mériter , de si *cruels* mépris ? »

C'est ainsi , qu'en regrets sa douleur se déclare ;

Mais bientôt, de son art employant le secours,

Pour rappeler , l'objet de ses tristes amours,

Elle invoque à grands cris tous les dieux du Ténare,

Les Parques, Némésis, Cerbère, Phlégéton,

Et l'inflexible Hécate, et l'horrible Alecton.

Sur un autel sanglant , l'affreux bûcher , s'allume ;

La foudre dévorante , aussitôt le consume ;

Mille noires *vapeurs* obscurcissent le jour ;

Les astres de la nuit , interrompent leur course,

Les fleuves étonnés , remontent vers leur source,

Et Pluton même , *tremble* , en son affreux séjour.

Sa voix redoutable

Trouble les enfers ;

Un bruit formidable

Gronde dans les airs ;

Un voile effroyable

Couvre l'univers ;

La terre tremblante

Frémit de terreur ;

L'onde turbulente

Mugit de *fureur* ;

La lune sanglante

Recule d'horreur.

Dans le sein de la mort, ses noirs enchantements

Vont troubler le repos des ombres :

Les mânes effrayés, quittent leurs monuments ;

L'air retentit au loin de leurs longs hurlements ;

Et les vents, échappés de leurs cavernes sombres,

Mêlent à leurs clameurs d'horribles sifflements.. ..

Inutiles efforts ! Amante in*fortunée*,

D'un Dieu plus fort que toi dépend ta destinée :

Tu peux faire trembler la terre sous tes pas,

Des enfers déchaînés allumer la colère ;

Mais tes fureurs ne feront pas,

Ce que tes attraits n'ont pu faire.

J.-B. Rousseau.

ODE TIRÉE DU PSAUME XIV.

Seigneur, dans ta gloire adorable,

Quel mortel est digne d'entrer ?

Qui pourra, grand Dieu, pénétrer

Ce sanctuaire impénétrable,

Où tes saints inclinés, d'un œil respectueux,

Contemplent de ton front l'éclat majestueux ?

Ce sera celui qui du vice

Évite le sentier impur ;

Qui marche d'un pas ferme et sûr

Dans le chemin de la justice,

Attentif et fidèle à distinguer sa voix.
Intrépide et sévère à maintenir ses lois.

Ce sera celui dont la bouche
Rend hommage à la *vérité* ;
Qui, sous un air d'humanité,
Ne cache point un cœur farouche ;
Et qui, par des discours faux et calomnieux,
Jamais, à la vertu n'a fait baisser les yeux ;

Celui, devant qui le superbe,
Enflé d'une vaine splendeur,
Paraît plus bas, dans sa grandeur,
Que l'insecte, caché sous l'herbe ;
Qui, bravant, du méchant le faste, couronné,
Honore la vertu du juste, infortuné ;

Celui, dis-je, dont les promesses,
Sont un gage toujours certain ;
Celui, qui, d'un infâme gain
Ne sait point grossir ses richesses ;

Celui qui, sur les dons du coupable puissant,

N'a jamais décidé du sort de l'innocent.

Qui marchera dans cette voie,

Comblé d'un éternel bonheur,

Un jour, de tes élus, Seigneur,

Partagera la sainte joie,

Et les *frémissements* de l'Enfer irrité,

Ne pourront faire obstacle à sa *félicité*.

J.-B. ROUSSEAU.

ODE SUR LA MORT DE J.-B. ROUSSEAU.

Quand le premier chantre du monde

Expira sur les bords glacés

Où l'Hèbre effrayé, dans son onde

Reçut ses membres dispersés,

Le Thrace, errant sur les montagnes,

Remplit les bois et les campagnes

Du cri perçant de ses douleurs ;

Les champs de l'air en retentirent ;

Et, dans les antres ; qui gémirent ,
Le lion , répandit des pleurs.

Jusques à quand, mortels farouches,
Vivrons-nous de haine et d'aigreur ?
Préterons-nous toujours nos bouches ;
Au langage de la *fureur* ?
Implacable dans ma colère,
Je m'applaudis de la misère
De mon ennemi ; terrassé.
Il se relève ; je succombe,
Et moi-même ; à ses pieds' je tombe,
Frappé ; du trait que j'ai lancé.

Du sein des ombres éternelles ,
S'élevant au trône des dieux,
L'Envie , offusque de ses ailes
Tout éclat ; qui frappe ses yeux.
Quel ministre, quel capitaine,
Quel monarque ; vaincra sa haine ,

Et les injustices du sort ?

Le temps, à peine les consomme,

Et, quoi que fasse le grand homme,

Il n'est grand homme, qu'à sa mort.

Le Nil, a vu sur ses rivages,

Les noirs habitants des déserts,

Insulter, par leurs cris sauvages,

L'astre éclatant de l'univers.

Cris impuissants ! fureurs bizarres !

Tandis que ces monstres barbares,

Poussaient d'insolentes clameurs,

Le dieu, poursuivant sa carrière,

Lançait, des torrents de lumière,

Sur ces obscurs *blasphémateurs.*

LEFRANC DE POMPIGNAN.

POÉSIES DIVERSES.

A M. DE LAMARTINE,

CANDIDAT A LA DÉPUTATION DE TOULON ET DE DUNKERQUE.

(1831.)

Je me disais : Donnons quelques larmes amères,

Au poële, qui suit de sublimes chimères,

Fuit les cités, s'assied au pied des vieilles tours,

Sous les vieux aqueducs prolongés en arcades,

Dans l'humide brouillard des sonores cascades,

    Et dort, sur l'aile des vautours.

Hélas ! toujours au bord des lacs, des précipices,

Toujours, comme on le peint devant ses frontispices,

Drapant d'un manteau brun ses membres amaigris,

Suivant de l'œil, baigné par les flots de la lune,

Les vagues, à ses pieds mourant, l'une après l'une,

    Et les aigles, dans les cieux gris.

Quelle vie ! et toujours, , poëte suicide,

Boire et boire à longs flots une existence , acide ;

Ne donner qu'à la mort, un sourire fané ;

Se bannir , en pleurant , loin des cités riantes,

Et dire, comme Job , en mille variantes :

   Ô mon Dieu ! pourquoi, suis-je né ?

Oh ! que je le plaignais ! ma douleur inquiète ,

Demandait aux passants : Où donc est le poëte ?

Que ne puis-je , donner une obole à sa faim,

Et lui dire : Suis-moi sous mes pins d'Ionie,

Là , tu l'abreuveras d'amour et d'harmonie ;

   Tu vivras , comme un séraphin !

Mais j'étouffai bientôt ma plainte ridicule :

Je te vis une fois , sous tes formes d'Hercule,

Courant en tilbury, sans regarder le ciel ;

Et l'on disait : Demain , il part pour la Toscane,

De la diplomatie il va sonder l'arcane ,

   Avec un titre , officiel.

Alors je dis : Heureux le géant romantique,

Qui mêle Ézéchiel, avec l'arithmétique !

De Sion, à la banque, il passe tour à tour ;

Pour encaisser, les fruits de sa littérature,

Ses traites à la main, il s'élance en voiture,

     En descendant de son vautour.

D'en haut, tu fais tomber sur nous, petits atomes,

Tes *Gloria patri*, délayés en deux tomes,

Tes psaumes de David, imprimés sur vélin,

Puis, quand, de tes billets l'échéance est venue,

Poëte financier, tu descends de la nue,

     Pour régler, avec Gosselin.

Un trône, est-il vacant dans notre Académie,

A l'instant, sans regret, tu quittes Jérémie,

Et le char d'Élisée aux rapides essieux.

Tu daignes, ramasser, avec ta main d'archange,

Des titres, des rubans, joyaux pétris de fange,

     Et tu remontes dans les cieux.

On dit même, aujourd'hui, poëte taciturne,

Que tu viens, méditer sur les chances de l'urne ;

Que le front couronné d'ache et de nénuphar,

Appendant à ton mur la cithare hébraïque,

Tu viens solliciter l'électeur, prosaïque,

> Sur l'Océan, et sur le Var.

Oh ! frère, cette fois, j'admire ton envie,

Et tu pousses trop loin, le dégoût de la vie.

Nous avons bien permis à ton modeste orgueil

D'échanger, en cinq ans, tes bibliques paroles

Contre la croix d'honneur, l'amitié de Vitrolles,

> Et l'académique fauteuil ;

Mais qu'aujourd'hui, pour prix de tes hymnes dévotes,

Aux hommes de Juillet tu demandes leurs votes,

C'en est trop ; l'Esprit-Saint, égare ta fierté.

Sais-tu, qu'avant d'entrer dans l'arène publique,

Il faut que, devant nous, tout citoyen, explique

> Ce qu'il fit, pour la liberté ?

On n'a point oublié, tes œuvres, trop récentes,

Tes odes à Bonald, en strophes caressantes ;

Et sur l'autel Rémois, ton vol de séraphin ;

Ni tes vers courtisans, pour les rois légitimes,

Pour les calamités des augustes victimes,

      Et pour ton seigneur, le Dauphin.

Va, les temps sont passés des sublimes extases,

Des harpes de Sion, des saintes paraphrases :

Aujourd'hui, tous ces chants expirent sans écho.

Va donc, selon tes vœux, gémir en Palestine,

Et présenter, sans peur, le nom de Lamartine,

      Aux électeurs, de Jéricho.

BARTHÉLEMY (Némésis 1831).

RÉPONSE A NÉMÉSIS.

Non ! sous quelque drapeau que le barde se range,

La Muse – sert sa gloire – et non – ses passions ;

Non ! je n'ai pas coupé les ailes de cet ange ,

Pour l'atteler , hurlant , au char des *factions* ;

Non ! je n'ai point couvert du masque populaire

Son front , resplendissant des feux du saint parvis,

Ni, pour fouetter et mordre, irritant sa colère,

       Changé ma Muse , en Némésis !

D'implacables serpents je ne l'ai pas coiffée,

Je ne l'ai pas menée, une verge à la main,

Injuriant la gloire avec le luth d'Orphée ,

Jeter les noms , en proie au *vulgaire* inhumain.

Prostituant ses vers aux clameurs de la rue,

Je n'ai pas arraché la prêtresse , au saint lieu ;

A des profanateurs je ne l'ai pas vendue,

      Comme Judas , vendit , son Dieu !

Non ! Non ! Je l'ai conduite , au fond des solitudes,

Comme un amant , jaloux d'une *chaste* beauté ;

J'ai gardé ses *beaux* pieds des atteintes , trop rudes ,

Dont la terre , eût *blessé* leur tendre *nudité*.

J'ai couronné son front , d'étoiles immortelles,

J'ai parfumé ? mon cœur; pour lui faire un séjour,

Et je n'ai rien laissé s'abriter sous ses ailes ,

   Que la prière et que l'amour.

L'or pur , que ? sous mes pas semait sa main prospère ,

N'a point payé ? la vigne ou le champ ? du potier,

Il n'a point engraissé ? les sillons de mon père ;

Ni les coffres jaloux d'un avide héritier.

Elle sait où ? du ciel ce divin denier ? tombe.

Tu peux, sans le ternir, me reprocher cet or !

D'autres bouches , un jour , te diront , sur ma tombe ,

   Où fut enfoui ? mon trésor !....

Je n'ai rien demandé ? que des chants ? à sa lyre,

Des soupirs pour une ombre , et des hymnes pour Dieu.

Puis , quand l'âge , est venu ? m'enlever mon délire,

J'ai dit à cette autre âme , un trop précoce adieu :

« Quitte un cœur , que le poids de la patrie accable,

Fuis nos villes de boue , et notre âge de bruit !

« Quand l'eau pure des lacs se mêle avec le sable,

« Le cygne remonte et s'enfuit. »

Honte à qui peut chanter, pendant que Rome brûle,

S'il n'a l'âme, et la lyre, et les yeux de Néron !

Pendant que l'incendie, en fleuve ardent circule,

Des temples aux palais, du cirque au Panthéon.

Honte à qui peut chanter, pendant que chaque femme

Sur le front de ses fils voit la mort ondoyer,

Que chaque citoyen regarde si la flamme

Dévore déjà son foyer.

Honte à qui peut chanter, pendant que les sicaires

En secouant leur torche, aiguisent leurs poignards,

Jettent les dieux proscrits aux rires populaires,

Ou traînent aux égouts les bustes des Césars !

C'est l'heure de combattre avec l'arme qui reste !

C'est l'heure de monter au rostre ensanglanté,

Et de défendre au moins de la voix et du geste,

Rome, les dieux, la liberté !

La liberté ! ce mot, dans ma bouche, l'outrage ?

Tu crois, qu'un sang, d'ilote, est assez pur pour moi,

Et que Dieu, de ses dons fit un digne partage :

L'esclavage pour nous, la liberté, pour toi ?

Patrie et liberté, gloire, vertu, courage,

Quel pacte, de ces biens m'a donc déshérité ?

Quel jour, ai-je vendu ma part de l'héritage,

     Esaü de la liberté ?

Va ! n'attends pas de moi, que je la sacrifie,

Ni devant vos dédains, ni devant le trépas !

Ton Dieu, n'est pas le mien, et je m'en glorifie !

J'en adore un, plus grand, qui ne te maudit pas.

La liberté, que j'aime, est née avec notre âme,

Le jour, où le plus juste, a bravé le plus fort ;

Le jour, où Jéhovah, dit au fils de la femme :

     Choisis, des fers, ou de la mort.

Que ces tyrans divers, dont la vertu se joue,

Selon l'heure et les lieux, s'appellent, peuple, ou roi,

Déshonorent la pourpre, ou salissent la boue,
La honte qui les *flatte*, est la même pour moi !
Qu'importe, sous quels pieds, se courbe, un front d'esclave,
Le joug, d'or ou de fer, n'en est pas moins honteux !
Des rois, tu l'affrontas, des tribuns, je le brave ;
  Qui, fut moins libre, de nous deux ?

Fais-nous ton dieu, plus beau, si tu veux qu'on l'adore,
Ouvre un plus *large* seuil, à ses cultes divers !
Repousse, du parvis, que leur pied déshonore,
La vengeance et l'injure, aux portes des enfers ;
Ecarte ces faux dieux, de l'autel populaire,
Pour que le suppliant, n'y soit pas insulté !
Sois la lyre vivante, et non pas le Cerbère,
  Du temple de la liberté.

Un jour, de nobles pleurs laveront ce délire,
Et ta main, étouffant le son qu'elle a tiré,
Plus juste, arrachera des cordes de ta lyre,
La corde injurieuse, où la haine a vibré.

Mais moi, j'aurai vidé la coupe d'amertume,

Sans que ma lèvre même, en garde un souvenir;

Car mon âme, est un feu, qui brûle et qui parfume,

Ce qu'on jette pour la ternir.

Lamartine (1831).

LE DANTE.

Dante, vieux Gibelin! quand je vois en passant,

Le plâtre, blanc et mât, de ce masque puissant,

Que l'art nous a laissé de ta divine tête,

Je ne puis m'empêcher de frémir, ô poëte!

Tant la main du génie et celle du malheur,

Ont imprimé sur toi, le sceau de la douleur!

Sous l'étroit chaperon, qui presse tes oreilles,

Est-ce le pli des ans, ou le sillon des veilles,

Qui traverse ton front, si laborieusement?

Est-ce au champ de l'exil, dans l'avilissement,

Que ta bouche, s'est close à force de maudire?

Ta dernière pensée est-elle, en ce sourire,

Que la mort, sur ta lèvre a cloué de ses mains?

Est-ce un ris de *pitié*, sur les *pauvres* humains?

Oh! le *mépris*, va bien sur la bouche du Dante,

Car il reçut le jour dans une ville ardente,

Et le pavé natal, fut un champ de *graviers* !

Qui *déchira* longtemps la plante de ses pieds.

Dante, vit, comme nous, les *factions* humaines,

Rouler autour de lui leurs fortunes soudaines ;

Il vit, les citoyens s'égorger en plein jour,

Les partis écrasés, renaître tour à tour ;

Il vit, sur les bûchers *flamboyer* les victimes ;

Il vit, pendant *trente* ans passer des *flots* de crimes,

Et le mot de *patrie*, à tous les vents *jeté*,

Sans profit, pour le peuple et pour la liberté !

O Dante Alighieri! poëte de Florence !

Je comprends aujourd'hui ta *mortelle* souffrance.

A. BARBIER.

LA MORT DE SOCRATE.

Le soleil, se levant aux sommets de l'Hymète,

Du temple de Thésée illuminait le faîte,

Et frappant de ses feux les murs du Parthénon,

Comme un furtif adieu, glissait dans la prison.

On voyait, sur les mers, une poupe dorée,

Au bruit des hymnes saints, voguer vers le Pirée,

Et c'était, ce vaisseau, dont le *fatal* retour,

Devait, aux condamnés marquer, leur *dernier* jour.

Mais la loi, défendait, qu'on leur ôtât la vie,

Tant que le doux soleil éclairait, l'Ionie,

De peur, que ses rayons, aux *vivants* destinés,

Par des yeux sans *regard* ne fussent *profanés*;

Ou que le malheureux, en fermant la paupière,

N'eût à pleurer deux fois, la vie et la lumière.....

. . . .

Le front calme et serein, l'œil rayonnant d'espoir,

Socrate, à ses amis fit signe de s'asseoir.

A ce geste muet, soudain ils obéirent,

Et, sur les bords du lit, en silence, ils s'assirent.

Symmias, abaissait son manteau sur ses yeux ;

Criton, d'un œil pensif, interrogeait les cieux ;

Cébès, penchait à terre un front mélancolique ;

Anaxagore, armé d'un rire sardonique,

Semblait du philosophe enviant l'heureux sort,

Rire de la fortune, et défier la mort !

Et, le dos appuyé sur la porte de bronze,

Les bras entrelacés, le serviteur des Onze,

De doute et de pitié, tour à tour combattu,

Murmurait sourdement : « Que lui sert sa vertu ? »

Mais Phédon, regrettant l'ami, plus que le sage,

Sous ses cheveux épars voilant son beau visage,

Plus près du lit funèbre, aux pieds du maître assis,

Sur ses genoux pliés se penchait comme un fils,

Levait ses tristes yeux sur l'ami, qu'il adore,

Rougissait de pleurer, et le pleurait encore.

Du sage, cependant, la terrestre douleur

N'osait point altérer les traits ni la couleur ;

Son regard élevé, loin de nous semblait lire ;

Sa bouche, où reposait son gracieux sourire,

Toute prête à parler, s'entr'ouvrait à demi ;

Son oreille, écoutait son invisible ami ;

Ses cheveux, effleurés du souffle de l'automne,

Dessinaient sur sa tête une blanche couronne,

Et de l'air matinal, par moments agités,

Répandaient sur son front des reflets argentés.

Mais à travers ce front, où son âme est tracée,

On voyait, rayonner sa sublime pensée,

Comme, à travers l'albâtre aux contours transparents,

La lampe, sur l'autel jetant ses feux mourants,

Par son éclat voilé se trahissant encore,

D'un reflet lumineux les frappe, et les colore !

LAMARTINE.

APOSTROPHE DE SATAN AU SOLEIL,

QU'IL VOIT POUR LA PREMIÈRE FOIS, A SA SORTIE DE L'ENFER.

Toi, sur qui, mon tyran *prodigua* ses bienfaits,

Soleil, astre de feu, jour heureux, que je hais,

Jour , qui fais mon supplice , et dont mes yeux s'étonnent,

Toi , qui sembles , le Dieu des cieux qui m'environnent,

Devant qui , tout éclat , disparaît et s'enfuit ;

Qui fais pâlir le front des astres de la nuit,

Image du Très-Haut, qui régla ta carrière,

Hélas ! j'eusse autrefois éclipsé ta lumière ;

Sur la voûte des cieux élevé plus que toi,

Le trône où tu t'assieds , s'abaissait devant moi.

Je suis tombé..... l'orgueil , m'a *plongé* dans l'abîme.

Milton,
Traduit par Delille.

MORT D'ORPHÉE,

APRÈS LA PERTE D'EURYDICE.

Sur le Strymon *glacé*, dans les antres de Thrace,

Durant six mois entiers il *pleura* sa disgrâce ;

Sa voix adoucissait les tigres des déserts,

Et les chênes émus , s'inclinaient dans les airs.

Telle, sur un rameau, pendant la nuit obscure,

Philomèle *plaintive* attendrit la nature ;

Accuse en *gémissant* l'oiseleur inhumain,

Qui, *glissant* dans son nid une furtive main,

Ravit ces tendres fruits, que l'amour fit éclore,

Et qu'un *léger* duvet ne couvrait pas encore.

Pour lui, plus de plaisir, plus d'hymen, plus d'amour :

Seul, parmi les horreurs d'un sauvage séjour,

Dans ces noires forêts, du soleil ignorées,

Sur les sommets déserts des monts Hyperborées,

Il pleurait Eurydice, et plein de ses regrets,

Reprochait à Pluton ses perfides bienfaits.

En vain, mille beautés s'efforçaient de lui plaire ;

Il dédaigna leurs feux...... et leur main sanguinaire,

La nuit, à la faveur des mystères sacrés,

Dispersa dans les champs ses membres déchirés.

L'Hèbre, roula sa tête, encor toute sanglante ;

Là, sa langue *glacée*, et sa voix expirante,

Jusqu'au dernier soupir formant un faible son,

D'Eurydice, en flottant, murmuraient le doux nom.

Eurydice ! ô *douleur* ! Touchés de son supplice,

Les échos répétaient : Eurydice ! Eurydice !

Virgile,
Traduit par Delille.

L'ORAGE.

On voit, à l'horizon, de deux points opposés,

Des nuages, monter dans les airs embrasés ;

On les voit s'épaissir, s'élever, et s'étendre.

D'un tonnerre éloigné, le bruit, s'est fait entendre ;

Les flots en ont *frémi*, l'air, en est ébranlé,

Et, le long du vallon, le feuillage a *tremblé*.

Les monts ont prolongé le lugubre murmure,

Dont le son, lent et sourd, attriste la nature.

Il succède à ce bruit, un calme, plein d'horreur,

Et la terre, en silence, attend, dans la terreur.

Des monts et des rochers le vaste amphithéâtre,

Disparaît tout à coup sous un voile grisâtre ;

Le nuage élargi, les couvre de ses flancs ;

Il pèse, sur les airs tranquilles et brûlants.

Mais des traits enflammés, ont sillonné la nue,

Et la foudre, en grondant roule dans l'étendue.

Hélas ! d'un ciel en feu les globules glacés,

Écrasent en tombant les épis renversés.

Le tonnerre et les vents déchirent les nuages,

Le fermier, de ses champs contemple les ravages.

Ô récolte ! ô moisson ! tout, périt sans retour ;
L'ouvrage d'une année, est détruit en un jour.

Saint-Lambert (Les Saisons).

LA GRAND'MÈRE.

Une aïeule ! une aïeule ! ô Dieu ! dans ce seul nom,

Que de soins, de baisers, d'amour, de récompense !

Du faible et du petit, touchante providence,

Ce sont toujours les pleurs qui, pour elle, ont raison.

Tant pis, pour la justice .... Elle, dans sa maison,

Ne veut, que le pouvoir qui donne, et qui pardonne;

Elle n'a, qu'un besoin, un seul... d'être, *trop bonne*;

C'est pour cela, que Dieu l'a faite; c'est son lot;

A d'autres, d'autres soins! et l'aïeule, en un mot,

L'aïeule, qui *toujours* demande *grâce*, et prie,

Du foyer domestique est la vierge Marie.

C'est elle qui, d'abord, l'hiver, au coin du feu,

A ses petits enfants apprend le nom de Dieu!

S'ils perdent au berceau, leur mère, jeune et belle,

C'est la grand'mère encor qui les prend sous son aile.

Depuis ce jour, c'est elle aussi, qui, chaque soir,

Sur ses genoux *tremblants*, demi-nus, les fait, seoir;

Joint leurs petites mains, et, baisant leur front rose:

Priez, dit-elle, enfants, pour celle qui repose,

Pauvres enfants, priez; elle vous aimait *tant!*

Elle leur dit aussi: Là haut, on vous entend,

Chers petits, soyez bons, pour qu'elle soit heureuse;

Et, mettant leur vertu sous la garde *pieuse*

De ce saint souvenir, le fait vivre avec eux,

En *remplit* la maison, le mêle à tous leurs jeux,

Et, pour qu'ils soient meilleurs, leur présente à toute heure,

Leur mère, qui sourit, ou leur mère, qui pleure.

Puis, quand, pour elle aussi, sonne l'heure de mort,

Elle les fait venir, soulève avec effort

Ses deux mains sur leur front, les *bénit,* de ses larmes,

Leur demande, pour prix de ses tendres alarmes,

De rester *toujours,* purs et *bons,* comme ils l'ont fait ;

Et son dernier soupir, est encore un bienfait.

E. LEGOUVÉ.

LE CONCERT ROMANTIQUE.

Minuit ! entendez-vous, dans le camp romantique,

Les basses, *résonner* sous la corde élastique !

Son *lugubre* ! on dirait, les cris sourds du lion,

Les soupirs d'un *géant,* sous le mont Pélion !

Aux éclats du tamtam, l'infernal airain, sonne,

Sur l'alto, solennel, le *vif* archet, *frissonne* :

Reconnaissez Weber et sa *magique* voix,

C'est l'ouverture en deuil ; du *franc* chasseur des bois !

D'abord un air léger, une molle harmonie,

Suave ; comme un son dĕs vägues d'Ionie,

Des élans de *bonheur*, des extases d'amour,

Des concerts dans les bois, au déclin d'un beau jour.

Puĭs ; lĕ pàlĕ *frĭssŏn* ; ă saĭsĭ l'auditoire.

L'accord mélodieux se brise, la nuit noire ;

Tombe, et l'on croit ouïr ; sur les sommets Alpins ;

Ŭn nŏctŭrne ŏŭrăgăn ; quĭ *grŏnde* aŭ frŏnt dĕs pĭns,

Et les glas de la mort, les grincements, les râles,

Les coups du fossōyeur, les danses sépulcrales,

Et d'échos en échos, la conque de Satan,

Qui mande les démons aux bois de Saint-Dunstan

MÉRY.

SYSTÈME DE COPERNIC.

Dăns' lĕ cĕntre éclătănt dĕ cĕs orbes immĕnses,

Qui n'ont pu ; nous cacher leur marche ; et leurs distances,

Luĭt ; cet astre de feŭ ; par Dieu même allumé,

Qui tourne autour de soi, sur son axe enflammé.

De lui, partent sans fin des torrents de lumière.

Il donne, en se montrant, la vie à la matière,

Et dispense les jours, les saisons et les ans;

A des mondes divers, autour de lui, flottants.

Ces mondes, asservis à la loi qui les presse,

S'attirent dans leur course, et s'évitent, sans cesse;

Et servant, l'un à l'autre, et de règle et d'appui,

Se prêtent, les clartés qu'ils reçoivent de lui.

Au delà de leur cours, et loin dans cet espace,

Où la matière nage, et que Dieu seul, embrasse,

Sont des soleils sans nombre et des mondes sans fin.

Dans cet immense abime, il leur ouvre un chemin.

Par delà tous ces cieux, le Dieu des cieux réside.

VOLTAIRE.

L'AMOUR FILIAL.

Le plus saint des devoirs, celui, qu'en traits de flamme,

La nature, a gravé dans le fond de notre âme,

C'est dě *chérĭr* ⸴ l'ŏbjět quĭ noŭs dŏnnă lě joŭr.

Qu'il est *doux* à remplir ⸴ ce précepte d'amour !

Voyez ce jeune enfant ⸴ que le trépas menace,

Il ne sent plus ses maux ⸴ quand sa mere l'embrasse.

Dăns l'âge děs ĕrreŭrs cě jeŭne hŏmme ⸴ *foŭgueŭx* ⸴

N'a qu'elle pour ami ⸴ dès qu'il est malheureux.

Ce vieillard ⸴ qui va ⸴ perdre un reste de lumière ⸴

Retroŭve encor des pleŭrs en pěnsănt à sa mere.

Bienfait ⸴ du *créateur*, qui daigna nous choisir ⸴

Poŭr prěmiěrě věrtŭ ⸴ nŏtrě plŭs doŭx plaĭsĭr !

FLORIAN.

LE GÉNIE COMPARÉ A L'AIGLE

Ainsi ⸴ l'on voit ⸴ l'oiseau qui porte le tonnerre,

Blessé ⸴ par un serpen' ⸴ é'ancé de la terre :

Il s'envole, il emporte au séjour azuré ⸴

L'ennemi tortueux dont il est entouré.

Le sang ⸴ tombe des airs ; il *déchire*, il *dévore* ⸴

Le *reptile acharné* ⸴ qui le combat encore.

15

Il le *presse*, il le tient sous ses ongles *vainqueurs*;

Par cent coups *redoublés*, il *venge* ses *douleurs*.

Le monstre, en expirant, se *débat*, se *replie*,

Il exhale en poisons les restes de sa vie;

Et l'aigle, tout sanglant, fier et victorieux,

Le *rejette* en *fureur*, et plane au haut des cieux.

VOLTAIRE.

L'AVARICE ET LE MARCHAND.

Le sommeil, sur ses yeux commence à s'épancher :

Debout, dit l'Avarice; il est temps de marcher.

— Eh! laisse-moi, de grâce, un moment. — Tu répliques!

— A peine le soleil, fait ouvrir les boutiques.

— N'importe, lève-toi. — Pourquoi faire, après tout?

— Pour courir l'Océan, de l'un à l'autre bout,

Rapporter de Goa, le poivre et le gingembre,

Chercher jusqu'au Japon, la porcelaine et l'ambre.

— Mais j'ai des biens en foule, et je puis m'en passer.

— On n'en peut trop avoir, et, pour en amasser,

On ne doit épargner ni crime, ni parjure,

Il faut 𝇎 souffrir la faim 𝇎 et coucher sur la dure.

BOILEAU.

CONSEILS AUX POËTES.

Craignez-vous 𝇎 pour vos vers 𝇎 la censure publique ;

Soyez-vous 𝇎 à vous-même 𝇎 un sévère critique :

L'ignorance 𝇎 toujours est prête à s'admirer.

Faites-vous des amis 𝇎 prompts à vous censurer ;

Qu'ils soient 𝇎 de vos écrits les confidents sincères,

Et 𝇎 de tous vos défauts les zélés adversaires ;

Dépouillez 𝇎 devant eux 𝇎 l'arrogance d'auteur.

Mais sachez 𝇎 de l'ami discerner le flatteur.

Tel 𝇎 vous semble applaudir 𝇎 qui vous raille et vous joue ;

Aimez 𝇎 qu'on vous conseille, et non pas 𝇎 qu'on vous loue.

Un flatteur 𝇎 aussitôt cherche à se récrier :

Chaque vers qu'il entend 𝇎 le fait extasier.

Tout y est charmant divin: aucun mot y ne le blesse ;

Il trépigne de joie, il pleure de tendresse ;

Il vous comble partout y d'éloges fastueux.

La vérité y n'a point cet air impétueux.

Un sage ami, toujours rigoureux, inflexible,

Sur vos fautes y jamais ne vous laisse paisible :

Il ne pardonne point les endroits négligés ;

Il renvoie en leur lieu y les vers mal arrangés,

Il réprime y des mots l'ambitieuse emphase.

Ici y le sens le choque, et plus loin y c'est la phrase.

« Votre construction y semble un peu s'obscurcir.

« Ce terme est équivoque, il le faut éclaircir. »

C'est ainsi que vous parle y un ami véritable.

Mais souvent y sur ses vers un auteur intraitable y

A les protéger tous se croit intéressé ;

Et d'abord y prend en main le droit y de l'offensé.

De ce vers, direz-vous, l'expression y est basse.

— Ah ! monsieur, pour ce vers je vous demande grâce,

Répondra t-il d'abord. — Ce mot y me semble froid ;

Je le retrancherais. — C'est le plus bel endroit !

— Ce tour ne me plaît pas. — Tout le monde l'admire.

Ainsi, toujours constant à ne point se dédire,

Qu'un mot, dans son ouvrage ait paru vous blesser,

C'est un titre, chez lui, pour ne point l'effacer

Cependant, à l'entendre, il chérit la critique :

Vous avez, sur ses vers, un pouvoir, despotique.

Mais tout ce beau discours dont il vient vous flatter,

N'est rien, qu'un piége adroit, pour vous les réciter.

Aussitôt, il vous quitte ; et, content de sa muse,

S'en va chercher ailleurs, quelque fat, qu'il abuse :

Car, souvent, il en trouve. Ainsi qu'en sots auteurs,

Notre siècle, est fertile en sots admirateurs ;

Et, sans ceux que fournit la ville et la province,

Il en est chez le duc, il en est chez le prince.

L'ouvrage, le plus *plat*, a, chez les courtisans,

De tout temps rencontré de zélés partisans,

Et, pour finir enfin par un trait de satire,

Un sot, trouve toujours un plus sot, qui l'admire

BOILEAU (Art poétique).

JACQUES.

« Jacque, il me faut troubler ton somme.

Dans le village, un gros huissier,

Gronde, et court, suivi du messier.

C'est pour l'impôt, las ! mon pauvre homme.

Lève-toi, Jacques, leve-toi ;

Voici venir l'huissier du roi.

« Regarde : le jour vient d'éclore :

Jamais, si tard tu n'as dormi.

Pour vendre, chez le vieux Rémi,

On saisissait avant l'aurore.

Lève-toi, Jacques, leve-toi ;

Voici venir l'huissier du roi.

« Pas un sou ! Dieu ! je crois l'entendre.

Écoute, les chiens aboyer.

Demande un mois, pour tout payer.

Ah ! si le roi, pouvait attendre !

Léve-toi, Jacques, léve-toi ;
Voici venir l'huissier du roi.

« Pauvres gens ! l'impôt, nous dépouille !
Nous n'avons, accablés de maux,
Pour nous, ton père et six marmots,
Rien, que ta bêche et ma quenouille.
Léve toi, Jacques, léve-toi,
Voici venir l'huissier du roi.

« On compte, avec cette masure,
Un quart d'arpent, cher affermé ;
Par la misère, il est fumé ;
Il est moissonné, par l'usure
Léve-toi, Jacques, léve-toi,
Voici venir l'huissier du roi.

« Beaucoup de peine, et peu de lucre.
Quand, d'un porc, aurons-nous la chair ?
Tout ce qui nourrit, est si cher !
Et le sel, aussi, notre sucre !

Lève-toi, Jacques, lève-toi,
Voici venir l'huissier du roi.

« Du vin, soutiendrait ton courage ;
Mais les droits, l'ont *bien* renchéri !
Pour en boire un peu, mon chéri,
Vends, mon anneau de mariage.
Lève-toi, Jacques, lève-toi,
Voici venir l'huissier du roi.

« Il entre ! ô ciel ! que dois-je craindre ?
Tu ne dis mot ; quelle pâleur !
Hier, tu t'es plains de ta douleur,
Toi qui souffres *tant*, sans te plaindre.
Lève-toi, Jacques ! lève-toi !
Voici, monsieur, l'huissier du roi. »

Elle appelle, en vain ; il rend l'âme.....
Pour qui s'épuise à travailler,
La mort, est un *doux* oreiller.
Bonnes gens, priez pour sa femme.

Lève-toi, Jacques, lève-toi.

Voici , monsieur l'huissier du roi.

BÉRANGER.

L'AUMONE.

Dans vos fêtes d'hiver, riches, heureux du monde,
Quand le bal tournoyant , de ses feux vous inonde,
Quand , partout , à l'entour de vos pas , vous voyez
Briller et rayonner , cristaux, miroirs, balustres,
Candelabres ardents, feux éclatants des lustres,
Et la danse , et la joie au front des conviés ;

Tandis qu'un timbre d'or , sonnant dans vos demeures,
Vous change en joyeux chants la voix grave des heures,
Oh ! songez-vous , parfois , que, de faim dévoré,
Peut-être , un indigent , dans les carrefours sombres ,
S'arrête , et voit danser vos lumineuses ombres ,
Aux vitres du salon doré ?

Songez-vous, qu'il est là, sous le givre et la neige,

Ce père sans travail, que la famine assiége?

Et qu'il se dit tout bas : Pour un seul, que de biens!

A son large festin que d'amis, se récrient!

Ce riche, est *bien* heureux; ses enfants lui sourient;

Rien que dans leurs jouets, que de pain, pour les miens !

Et puis, à votre fête il compare, en son âme,

Son foyer, où jamais ne *rayonne,* une flamme,

Ses enfants affamés, et leur mère en lambeau,

Et, sur un peu de paille, immobile et muette,

L'aïeule, que l'hiver, hélas! a déjà faite

       Assez froide pour le tombeau.

Donnez, riches; l'aumône, est sœur de la prière.

Hélas! quand un vieillard, sur votre seuil de pierre,

Tout roidi par l'hiver, en vain, tombe à genoux;

Quand les petits enfants, les mains, de froid rougies,

Ramassent sous vos pieds les miettes des orgies,

La face du Seigneur se *détourne* de vous.

Donnez, afin que Dieu, qui dote les familles,

Donne à vos fils la force, et la grâce à vos filles,

Afin que votre vigne ait toujours un doux fruit,

Afin qu'un blé plus mûr fasse plier vos granges,

Afin d'être meilleurs, afin de voir les anges

Passer dans vos rêves la nuit.

Donnez ! il vient un jour où la terre nous laisse ;

Vos aumônes, là-haut, vous font une richesse :

Donnez ! afin qu'on dise : « Il a pitié de nous ! »

Afin que l'indigent, que glacent les tempêtes,

Que le pauvre, qui souffre à côté de vos fêtes,

Au seuil de vos palais fixe un œil moins jaloux.

Donnez ! pour être aimé du Dieu qui se fit homme,

Pour que le méchant même, en s'inclinant vous nomme,

Pour que votre foyer soit calme et *fraternel* ;

Donnez ! afin qu'un jour, à votre heure dernière,

Contre tous vos péchés vous ayez la prière

D'un mendiant puissant au ciel !

VICTOR HUGO.

POÉSIE DRAMATIQUE.

SCÈNE DU 1er ACTE D'ATHALIE.

JOAD, ABNER.

(A) Oui, je viens, dans son temple adorer l'Eternel ;

Je viens, selon l'usage antique et solennel,

Célébrer avec vous la fameuse journée,

Où, sur le mont Sina, la loi, nous fut donnée.

Que les temps sont changés ! Sitôt que, de ce jour

La trompette sacrée annonçait le retour,

Du temple, orné partout de festons magnifiques,

Le peuple saint, en foule inondait les portiques ;

Et tous, devant l'autel, avec ordre introduits,

De leurs champs, dans leurs mains portant les nouveaux fruits,

Au Dieu de l'univers consacraient ces prémices :

Les prêtres, ne pouvaient suffire aux sacrifices.

L'audace d'une femme, arrêtant ce concours,

En des jours ténébreux a changé ces beaux jours.

D'adorateurs zélés, à peine, un petit nombre,

Ose ⸴ des premiers temps nous retracer quelque ombre :

Le reste ⸴ pour son Dieu montre un oubli *fatal* ;

Ou même, s'empressant aux autels de Baal,

Se fait initier à ses honteux mystères,

Et *blasphème* ⸴ le nom qu'ont invoqué leurs pères.

Je tremble ⸴ qu'Athalie, à ne vous rien cacher,

Vous-même ⸴ de l'autel vous faisant arracher,

N'achève enfin sur vous ses vengeances funestes,

Et ⸴ d'un respect forcé ne dépouille les restes.

— (J) D'où vous vient aujourd'hui ⸴ ce noir pressentiment ?

— (A) Pensez-vous ⸴ être saint et juste ⸴ impunément ?

Dès longtemps elle hait cette fermeté ⸴ rare ⸴

Qui rehausse en Joad l'éclat de la tiare ;

Dès longtemps votre amour pour la religion ⸴

Est traité ⸴ de révolte et de sédition.

Du mérite éclatant cette reine jalouse ⸴

Hait surtout Josabet ⸴ votre fidèle épouse :

Si ⸴ du grand-prêtre Aaron, Joad est successeur,

De notre dernier roi Josabet est la sœur.

Mathan ⸴ d'ailleurs, Mathan ⸴ ce prêtre sacrilège,

Plus *méchant* qu'Athalie, à toute heure l'assiège ;

Mathan, de nos autels in*fâme* déserteur,

Et de toute vertu *zélé* persécuteur.

C'est peu que, le front ceint d'une mitre étrangère,

Ce lévite, à Baal prête son ministère ;

Ce temple, l'importune, et son impiété

Voudrait anéantir le Dieu qu'il a quitté.

Pour vous perdre, il n'est pas de ressorts qu'il n'invente :

Quelquefois il vous plaint, souvent même il vous vante ;

Il affecte pour vous une fausse douceur ;

Et, par là, de son fiel colorant la noirceur,

Tantôt, à cette reine il vous peint redoutable ;

Tantôt, voyant, pour l'or sa soif insatiable,

Il lui feint, qu'en un lieu, que vous seul connaissez,

Vous cachez des trésors, par David amassés.

Enfin, depuis deux jours, la superbe Athalie,

Dans un sombre *chagrin*, paraît ensevelie :

Je l'observais hier, et je voyais ses yeux,

Lancer sur le lieu saint des regards *furieux* ;

Comme si, dans le fond de ce vaste édifice,

Dieu , cachait un *vengeur* , armé pour son supplice.

Croyez-moi, plus j'y pense, et moins je puis douter ;

Que ; sur vous son courroux ne soit près d'éclater,

Et que ; de Jézabel la fille sanguinaire ,

Ne vienne attaquer Dieu ; jusqu'en son sanctuaire.

— (J) Celui qui met un frein ; à la fureur des flots ;

Sait aussi ; des méchants arrêter les complots.

Soumis avec respect à sa volonté sainte,

Je crains Dieu, cher Abner, et n'ai point d'autre crainte.

Cependant ; je rends grâce au zèle officieux

Qui ; sur tous mes périls vous fait ouvrir les yeux.

Je vois ; que l'injustice ; en secret vous irrite,

Que vous avez encor le cœur israélite ;

Le Ciel ; en soit *béni* ! Mais ce secret courroux,

Cette oisive vertu, vous en contentez-vous ?

La foi ; qui n'agit point, est-ce une foi sincère ?

Huit ans déjà passés, une impie étrangère ,

Du sceptre de David usurpe tous les droits,

Se baigne impunément dans le sang de nos rois,

Des enfants de son fils détestable homicide,

Et même , contre Dieu lève son bras perfide :

Et vous, l'un des soutiens de ce *tremblant* état,

Vous, nourri dans les camps du saint roi Josaphat,

Qui , sous son fils Joram commandiez nos armées,

Qui rassurâtes seul nos villes alarmées ,

Lorsque , d'Ochozias le trépas imprévu

Dispersa tout son camp , à l'aspect de Jéhu ;

Je crains Dieu, dites-vous, sa vérité , me touche !

Voici , comme ce Dieu , vous répond par ma bouche :

« Du zèle de ma loi , que sert de vous parer ?

« Par de stériles vœux pensez-vous m'honorer ?

« Quel fruit , me revient-il de tous vos sacrifices ?

« Ai-je besoin , du sang des boucs et des génisses ?

« Le sang de vos rois , crie, et n'est point écouté.

« Rompez, rompez , tout pacte avec l'impiété ;

« Du milieu de mon peuple exterminez les crimes.

« Et vous viendrez alors m'immoler vos victimes. »

— (A) Hé ! que puis-je au milieu de ce peuple abattu ?

Benjamin , est sans force, et Juda , sans vertu.

Le jour , qui , de leurs rois vit éteindre la race ,

Eteignit, tout le feu de leur antique audace.

Dieu même, disent-ils, s'est retiré de nous :

De l'honneur des Hébreux autrefois si jaloux,

Il voit, sans intérêt, leur grandeur terrassée ;

Et sa miséricorde, à la fin s'est lassée.

On ne voit plus, pour nous, ses redoutables mains,

De merveilles sans nombre effrayer les humains.

L'arche sainte est muette, et ne rend plus d'oracles.

— (J.) Et quel temps fut jamais si fertile en miracles ?

Quand, Dieu, par plus d'effets montra-t-il son pouvoir ?

Auras-tu donc toujours des yeux pour ne point voir,

Peuple ingrat ? Quoi ! toujours les plus grandes merveilles,

Sans *ébranler* ton cœur, *frapperont* les oreilles ?

Faut-il, Abner, faut-il, vous rappeler, le cours

Des prodiges fameux, accomplis en nos jours ?

Des tyrans d'Israël les célèbres disgrâces,

Et Dieu, trouvé fidèle en toutes ses menaces ?

L'impie Achab, détruit, et de son sang trempé,

Le champ, que par le meurtre il avait usurpé ?

Près de ce champ fatal, Jézabel immolée,

Sous les pieds des chevaux cette reine *foulée* ;
Dans son sang inhumain 9 les chiens désaltérés,
Et de son corps *hideux* les membres déchirés ?
Des prophètes menteurs la troupe confondue,
Et la flamme du ciel 9 sur l'autel descendue ?
Elie 9 aux éléments parlant en souverain,
Les cieux 9 par lui fermés 9 et devenus d'airain,
Et la terre 9 trois ans , sans pluie et sans rosée ;
Les morts se ranimant à la voix d'Elisée ?
Reconnaissez, Abner, à ces traits éclatants 9
Un Dieu , tel 9 aujourd'hui 9 qu'il fut dans tous les temps.
Il sait, quand il lui plaît, faire éclater sa gloire ;
Et son peuple 9 est toujours présent à sa mémoire.
— (A.) Mais où sont ces honneurs 9 à David tant promis,
Et prédits même encore à Salomon son fils ?
Hélas ! nous espérions que de leur race heureuse 9
Devait sortir 9 de rois une suite nombreuse ;
Que sur toute tribu, sur toute nation,
L'un d'eux établirait sa domination,
Ferait cesser partout la discorde et la guerre,

Et verrait à ses pieds tous les rois de la terre.

— (J.) Aux promesses du Ciel pourquoi ? renoncez-vous ?

— (A.) Ce roi, fils de David, où le *chercherons-nous* ?

Le Ciel même ? peut-il ? réparer ? les ruines

De cet arbre ? séché jusques dans ses *racines* ?

Athalie ? étouffa l'enfant même au berceau.

Les morts, après huit ans, sortent-ils du tombeau ?

Ah ! si ? dans sa *fureur* elle s'était trompée ;

Si ? du sang de nos rois quelque *goutte* ? .échappée.....

— (J.) Hé bien ! que feriez-vous ?

                        — (A.) O *jour* heureux pour moi !

De quelle ardeur ? j'irais reconnaître mon roi !

Doutez-vous ? qu'à ses pieds nos tribus empressées......

Mais pourquoi ? me *flatter* de ces vaines pensées ?

Déplorable héritier de ces rois triomphants,

Ochozias ? restait seul ? avec ses enfants :

Par les traits de Jéhu ? je vis percer le père ;

Vous avez vu ? les fils massacrés par la mère.

— (J.) Je ne m'explique point : mais ? quand l'astre du jour

Aura ? sur l'horizon fait le tiers de son tour,,

Lorsque la troisième heure aux prières rappelle,

Retrouvez-vous au temple, avec ce même zèle :

Dieu, pourra vous montrer par d'importants bienfaits,

Que sa parole, est stable, et ne trompe jamais.

Allez : pour ce grand jour il faut que je m'apprête,

Et du temple, déjà l'aube, blanchit le faîte.

RACINE.

PRIÈRE DE JOAD.

Grand Dieu, si tu prévois, qu'indigne de sa race,

Il doive, de David abandonner la trace,

Qu'il soit, comme le fruit, en naissant arraché,

Ou qu'un souffle ennemi, dans sa fleur a séché.

Mais, si ce même enfant, à tes ordres docile,

Doit être, à tes desseins un instrument utile,

Fais, qu'au juste héritier le sceptre soit remis ;

Livre en mes faibles mains ses puissants ennemis ;

Confonds, dans ses conseils, une reine cruelle,

Daigne, daigne, mon Dieu, sur Mathan et sur elle

Répandre, cet esprit de vertige et d'erreur,

De la chute des rois funeste avant-coureur!

ASSUÉRUS À ESTHER.

Croyez-moi, chère Esther, ce sceptre, cet empire,

Et ces profonds respects, que la terreur inspire,

A leur pompeux éclat mêlent peu de douceur,

Et fatiguent souvent, leur triste possesseur.

Je ne trouve qu'en vous, je ne sais quelle grâce,

Qui me charme toujours, et jamais ne me lasse.

De l'aimable vertu, doux et puissants attraits!

Tout, respire en Esther l'innocence et la paix.

Du chagrin le plus noir elle écarte les ombres,

Et fait, des jours sereins de mes jours les plus sombres.

RACINE.

SCÈNE DU Iᵉʳ ACTE D'ANDROMAQUE.

ORESTE.

Avant que tous les Grecs, vous parlent par ma voix,

Souffrez, que j'ose, ici, me flatter de leur choix;

Et, qu'à vos yeux, Seigneur, je montre quelque joie,

De voir le fils d'Achille, et le vainqueur de Troie.

Oui, comme ses exploits, nous admirons vos coups.

Hector, tomba sous lui, Troie, expira sous vous;

Et vous avez montré, par une heureuse audace,

Que le fils seul d'Achille, a pu remplir sa place.

Mais, ce qu'il n'eût point fait, la Grèce, avec douleur,

Vous voit, du sang troyen relever le malheur,

Et, vous laissant toucher d'une pitié funeste,

D'une guerre si longue entretenir le reste.

Ne vous souvient-il plus, Seigneur, quel fut Hector?

Nos peuples affaiblis, s'en souviennent encor.

Son nom seul, fait frémir nos veuves et nos filles;

Et, dans toute la Grèce il n'est point de familles,

Qui ne demandent compte à ce malheureux fils,

D'un père, ou d'un époux, qu'Hector leur a ravis.

Et, qui sait, ce qu'un jour ce fils, peut entreprendre?

Peut-être, dans nos ports nous le verrons descendre,

Tel qu'on a vu son père, embraser nos vaisseaux,

Et, la flamme à la main, les suivre sur les eaux.

Oserai-je, Seigneur, dire ce que je pense?

Vous même, de vos soins craignez la récompense,

Et que, dans votre sein ce serpent élevé,

Ne vous punisse un jour, de l'avoir conservé.

Enfin, de tous les Grecs satisfaites l'envie,

Assurez leur vengeance, assurez votre vie ;

Perdez un ennemi, d'autant plus dangereux,

Qu'il s'essaiera, sur vous, à combattre contre eux.

PYRRHUS.

La Grèce, en ma faveur est trop inquiétée;

De soins *plus* importants je l'ai crue agitée,

Seigneur, et, sur le nom de son ambassadeur,

J'avais, dans ses projets conçu, plus de *grandeur*.

Qui croirait, en effet, qu'une telle entreprise,

Du fils d'Agamemnon méritât l'entremise;

Q'un peuple tout entier, tant de fois triomphant,

N'eût daigné conspirer, que la mort d'un enfant?

Mais à qui, prétend-on que je le sacrifie ?

La Grèce, a-t-elle encor quelque droit sur sa vie?

Et, seul de tous les Grecs, ne m'est il pas permis

D'ordonner des captifs que le sort m'a soumis ?

Oui, Seigneur, lorsqu'au pied des murs fumants de Troie,

Les vainqueurs tout sanglants partagèrent leur proie,

Le sort, dont les arrêts furent alors suivis,

Fit tomber dans mes mains Andromaque et son fils.

Hécube près d'Ulysse acheva sa misère ;

Cassandre dans Argos a suivi votre père.

Sur eux, sur leurs captifs ai-je étendu mes droits ?

Ai-je enfin disposé du fruit de leurs exploits ?

On craint qu'avec Hector, Troie un jour ne renaisse ?

Son fils peut me ravir le jour que je lui laisse !

Seigneur, tant de prudence entraîne trop de soin.

Je ne sais point prévoir les malheurs de si loin

Je songe quelle était autrefois cette ville,

Si superbe en remparts, en héros si fertile,

Maîtresse de l'Asie ; et je regarde enfin,

Quel fut le sort de Troie, et quel est son destin :

Je ne vois que des tours que la cendre a couvertes,

Un fleuve teint de sang, des campagnes désertes,

Un enfant dans les fers ; et je ne puis songer

Que Troie, en cet état, aspire à se venger.

Ah ! si, du fils d'Hector la perte, était jurée,

Pourquoi, d'un an, entier l'avons-nous différée ?

Dans le sein de Priam n'a-t-on pu, l'immoler ?

Sous tant de morts, sous Troie il fallait, l'accabler.

Tout, était juste alors : la vieillesse et l'enfance,

En vain, sur leur faiblesse appuyaient leur défense ;

La victoire et la nuit, plus cruelles que nous,

Nous excitaient au meurtre, et confondaient nos coups.

Mon courroux, aux vaincus ne fut que trop sévère ;

Mais, que ma cruauté, survive à ma colère ?

Que, malgré la pitié dont je me sens saisir,

Dans le sang d'un enfant je me baigne à loisir ?

Non, Seigneur. Que les Grecs, cherchent, quelque autre proie ;

Qu'ils poursuivent ailleurs ce qui reste de Troie

De mes inimitiés le cours est achevé ;

L'Épire, sauvera, ce que Troie a sauvé.

RACINE.

17

SCÈNE DU IVe ACTE D'ANDROMAQUE.

HERMIONE A PYRRHUS.

Seigneur, dans cet aveu, dépouillé d'artifice,
J'aime à voir, que du moins vous vous rendiez justice;
Et que, voulant bien, rompre un nœud, si solennel,
Vous vous abandonniez au crime, en criminel.
Est-il juste, après tout, qu'un conquérant, s'abaisse,
Sous la servile loi, de garder sa promesse?
Non, non, la perfidie, a de quoi vous tenter;
Et vous ne me cherchez, que pour vous en vanter.
Quoi! sans que, ni serment, ni devoir vous retienne,
Rechercher une Grecque, amant d'une Troyenne!
Me quitter, me reprendre, et retourner encor,
De la fille d'Hélène, à la veuve d'Hector!
Couronner tour à tour l'esclave et la princesse!
Immoler, Troie aux Grecs, au fils d'Hector, la Grèce!
Tout cela, part d'un cœur, toujours maître de soi,
D'un héros, qui n'est point esclave de sa foi.
Pour plaire à votre épouse, il vous faudrait, peut-être,

Prodiguer, les doux noms de parjure et de traître.

Vous veniez, de mon front observer la pâleur,

Pour aller, dans ses bras *rire* de ma douleur :

Pleurante après son char vous voulez qu'on me voie.

Mais, Seigneur, en un jour, ce serait *trop de joie* ;

Et, sans chercher ailleurs des titres empruntés,

Ne vous suffit il pas, de ceux que vous portez ?

Du vieux père d'Hector la valeur abattue,

Aux pieds de sa *famille*, expirante à sa vue,

Tandis que, dans son sein votre bras enfoncé,

Cherche un *reste* de sang, que l'âge avait *glacé* ;

Dans des ruisseaux de sang, Troie ardente, plongée ;

De votre propre main Polyxène égorgée,

Aux yeux de tous les Grecs, indignés contre vous :

Que peut-on refuser, à ces généreux coups ?

RACINE.

RÉCIT D'ULYSSE.

Vous m'en voyez, moi-même, en cet heureux moment,

Saisi d'horreur, de joie et de ravissement.

Jamais , jour , n'a paru si *mortel* à la Grèce ;

Déjà , de tout le camp la discorde maîtresse ,

Avait , sur tous les yeux mis son bandeau *fatal*,

Et donné , du combat le *funeste* signal.

De ce spectacle affreux votre fille alarmée ,

Voyait pour elle , Achille, et contre elle , l'armée.

Mais, quoique seul pour elle, Achille *furieux* ,

Epouvantait , l'armée, et partageait , les dieux.

Déjà , de traits en l'air s'élevait un nuage :

Déjà , coulait le sang, prémices du carnage.

Entre les deux partis, , Calchas , s'est avancé,

L'œil farouche, l'air sombre, et le poil hérissé,

Terrible, et plein du dieu, qui l'agitait , sans doute :

« Vous, Achille, a-t-il dit, et vous, Grecs, qu'on m'écoute,

« Le dieu , qui maintenant vous parle par ma voix ,

« M'explique son oracle , et m'instruit de son choix.

« Un autre sang d'Hélène, une autre Iphigénie ,

« Sur ce bord , immolée , y doit , laisser sa vie.

« Thésée , avec Hélène uni secrètement ,

« Fit succéder l'hymen à son enlèvement.

« Une fille en sortit, que sa mère a celée ;

« Du nom d'Iphigénie elle fut appelée.

« Je vis moi même, alors, ce fruit de leurs amours.

« D'un sinistre avenir je menaçai ses jours.

« Sous un nom, emprunté sa noire destinée,

« Et ses propres fureurs, ici, l'ont amenée.

« Elle me voit, m'entend, elle est devant vos yeux ;

« Et c'est elle, en un mot, que demandent les dieux. »

Ainsi parle Calchas. Tout le camp, immobile,

L'écoute avec frayeur, et regarde Eriphile.

Elle était à l'autel ; et peut-être, en son cœur,

Du fatal sacrifice accusait la lenteur.

Elle-même, tantôt, d'une course subite,

Etait venue, aux Grecs annoncer votre fuite.

On admire en secret, sa naissance et son sort.

Mais, puisque Troie, enfin, est le prix de sa mort,

L'armée, à haute voix se déclare contre elle,

Et prononce à Calchas sa sentence mortelle.

Déjà, pour la saisir, Calchas, lève le bras.

« Arrête, a-t-elle dit, et ne m'approche pas.

« Le sang de ces héros , dont tu me fais descendre,

« Sans tes *profanes* mains , saura bien se répandre. »

Furieuse , elle vole, et , sur l'autel prochain ,

Prend le sacré couteau, le *plonge* dans son sein.

A peine , son sang coule , et fait rougir la terre,

Les dieux , font , sur l'autel entendre le tonnerre,

Les vents , agitent l'air d'heureux *frémissements,*

Et la mer , leur répond par ses *mugissements* ;

La rive , au loin *gémit* ; *blanchissante* d'écume :

La flamme du bûcher , d'elle-même s'allume ;

Le ciel , brille d'éclairs, s'entr'ouvre , et , parmi nous

Jette une sainte *horreur* , qui nous rassure tous.

Le soldat étonné , dit , que , dans une nue ,

Jusque sur le bûcher , Diane , est descendue ;

Et croit que, s'élevant au travers de ses feux,

Elle portait au ciel notre encens et nos vœux.

Tout s'empresse, tout part. La seule Iphigénie ,

Dans ce commun bonheur pleure son ennemie.

Des mains d'Agamemnon , venez la recevoir ,

Venez, Achille et lui , brûlent de vous revoir,

Madame, et désormais, tous deux d'intelligence,

Sont prêts à confirmer leur auguste alliance.

RACINE (Iphigénie).

* * *

SCÈNE DU IVe ACTE DE BRITANNICUS.

NÉRON, NARCISSE.

(NA.) Seigneur, j'ai tout prévu pour une mort si juste ;

Le poison est tout prêt. La fameuse Locuste,

A redoublé pour moi ses soins officieux :

Elle a fait expirer un esclave à mes yeux ;

Et le fer est moins prompt pour trancher une vie,

Que le nouveau poison, que sa main me confie.

— (NÉ.) Narcisse, c'est assez : je reconnais ce soin,

Et ne souhaite pas que vous alliez plus loin.

— (NA.) Quoi ! pour Britannicus, votre haine affaiblie

Me défend ....

    — (NÉ.) Oui, Narcisse ; on nous réconcilie.

— (NA.) Je me garderai bien de vous en détourner,

Seigneur. Mais il s'est vu tantôt emprisonner :

Celle offense, en son cœur sera longtemps nouvelle.

Il n'est point de secrets, que le temps ne révèle.

Il saura, que ma main lui devait présenter

Un poison, que votre ordre avait fait apprêter.

Les dieux, de ce dessein puissent-ils le distraire !

Mais peut-être, il fera, ce que vous n'osez faire.

— (NÉ.) On répond de son cœur, et je vaincrai le mien.

— (NA.) Et, l'hymen de Junie en est-il le lien,

Seigneur, lui faites-vous encor ce sacrifice ?

— (NÉ.)C'est prendre trop de soin. Quoi qu'il en soit, Narcisse,

Je ne le compte plus parmi mes ennemis.

— (NA.) Agrippine, Seigneur, se l'était bien promis.

Elle a repris, sur vous, son souverain empire.

— (NÉ) Quoi donc ? qu'a-t-elle dit ? et que voulez-vous dire ?

— (NA.) Elle s'en est *vantée* assez publiquement.

— (NÉ.) De quoi ?

    — (NA.) Qu'elle n'avait, qu'à vous voir un moment ;

Qu'à tout ce *grand* éclat, à ce courroux funeste,

On verrait succéder, un silence *modeste* ;

Que vous-même, à la paix souscririez le premier :

Heureux, que sa *bonté* daignât tout oublier.

— (NÉ.) Mais, Narcisse, *dis-moi*, que veux-tu que je fasse ?

Je n'ai que *trop* de pente, à *punir* son audace ;

Et, si je m'en *croyais*, ce triomphe indiscret,

Serait bientôt suivi d'un éternel regret.

Mais, de tout l'univers quel sera le langage ?

Sur les pas des tyrans veux-tu que je m'engage,

Et que Rome, effaçant tant de titres d'honneur,

Me laisse, pour tous noms, celui d'empoisonneur ?

Ils mettront ma vengeance, au rang des *parricides*.

— (NA.) Et prenez-vous, Seigneur, leurs caprices pour guides ?

Avez-vous prétendu qu'ils se tairaient toujours ?

Est-ce à vous, de prêter l'oreille à leurs discours ?

De vos propres désirs perdrez-vous la mémoire ?

Et serez-vous le seul que vous n'oserez croire ?

Mais, Seigneur, les Romains ne vous sont pas connus ;

Non, non : dans leurs discours ils sont plus retenus.

Tant de précaution affaiblit votre règne :

Ils croiront, en effet, mériter qu'on les craigne.

Au joug, depuis longtemps, ils se sont façonnés ;

Ils adorent la main qui les tient enchaînés.

Vous les verrez toujours ardents à vous complaire :

Leur prompte servitude a fatigué Tibère.

Moi-même, revêtu d'un pouvoir emprunté

Que je reçus de Claude avec la liberté,

J'ai cent fois, dans le cours de ma gloire passée,

Tenté leur patience, et ne l'ai point lassée.

D'un empoisonnement vous craignez la noirceur ?

Faites périr le frère, abandonnez la sœur.

Rome sur les autels prodiguant les victimes,

Fussent-ils innocents, leur trouvera des crimes :

Vous verrez mettre au rang des jours infortunés

Ceux où jadis la sœur et le frère sont nés.

— (NÉ.) Narcisse, encor un coup, je ne puis l'entreprendre :

J'ai promis à Burrhus, il a fallu me rendre.

Je ne veux point encore, en lui manquant de foi,

Donner à sa vertu des armes contre moi.

J'oppose à ses raisons un courage inutile ;

Je ne l'écoute point avec un cœur tranquille.

— (NA.) Burrhus ne pense pas, Seigneur, tout ce qu'il dit :

Son adroite vertu, ménage son crédit.

Ou plutôt, ils n'ont tous qu'une même pensée;

Ils verraient, par ce coup leur puissance abaissée.

Vous seriez libre alors, Seigneur, et, devant vous,

Ces maîtres orgueilleux, *fléchiraient* comme nous.

Quoi donc! ignorez-vous, tout ce qu'ils osent dire?

« Néron, s'ils en sont crus, n'est point né pour l'empire.

« Il ne dit, il ne fait, que ce qu'on lui prescrit:

« Burrhus conduit son cœur, Sénèque, son esprit.

« Pour toute ambition, pour vertu singulière,

« Il excelle, à conduire un *char* dans la carrière;

« A disputer, des prix indignes de ses mains;

« A se donner lui-même, en *spectacle* aux Romains;

« A venir, *prodiguer* sa voix sur un théâtre;

« A réciter des chants, qu'il veut qu'on idolâtre,

« Tandis que ses soldats, de moments en moments,

« Vont arracher, pour lui, les applaudissements. »

Ah! ne voulez-vous pas les *forcer* à se taire?

—(NÉ.) Viens, Narcisse: allons, voir ce que nous devons faire.

RACINE.

LOUIS XI ET SES REMORDS.

Ah ! si, dans mes tourments vous descendiez, mon père,

Je vous arracherais des *larmes de pitié* !

Les angoisses du corps n'en sont qu'une moitié,

Poignante, intolérable, et la moindre, peut-être.

Je ne me plais, qu'aux lieux où je ne puis pas être,

En *vain*, je sors de moi, fils *rebelle* jadis,

Je me vois dans mon père, et me crains dans mon fils.

Je n'ai *pas* un ami ; je hais ou je *méprise* ;

L'effroi, me tord le cœur, sans *jamais* lâcher prise ;

Il n'est point de retraite, où j'échappe aux remords ;

Je veux fuir les vivants, je suis avec les morts.

Ce sont des jours affreux ; j'ai, des nuits plus terribles ;

L'ombre, pour m'abuser, prend des formes visibles ;

Le silence, me parle, et mon Sauveur me dit,

Quand je veux le prier : Que me veux-tu, maudit ?

Un démon, si je dors, s'assied sur ma poitrine ;

Je l'écarte, un fer nu, s'y plonge, et m'assassine.

Je me lève éperdu ; des flots de sang humain
Viennent battre ma couche, elle y nage, et ma main,
Qu'attire sur leur gouffre une main qui la glace,
Sent des lambeaux hideux monter à leur surface.

— Malheureux, que dis-tu ? — Vous *frémissez* : Eh bien !
Mes veilles, les voilà ! ce sommeil, c'est le mien,
C'est ma vie, et mourant, j'en ai soif, je veux *vivre*.
Et ce calice amer, dont le poison m'enivre,
De toutes mes *douleurs* cet horrible aliment,
La peur de l'*épuiser*, est mon plus *grand* tourment.

CASIMIR DELAVIGNE.

LES ENFANTS D'ÉDOUARD.

(E.) Verrai-je donc *toujours* ces roses de Windsor !

— (R.) Un rêve, t'agitait..... Il te poursuit encor

Dis-le-moi.

    — (E.) Tu riais.

       — (R.) Pourquoi ? S'il est terrible,

18

Je *promets* d'avoir peur..... Parle.

— (E.) C'est impossible.

Il était si confus, si *vague*.....

— (R.) *Je* le veux.

— (E.) Pour le couronnement on nous cherchait tous deux.

Je t'ai dit : « Viens, Richard, ma mère nous appelle ; »

Et , te prenant la main, je voulais fuir, près d'elle,

Un tigre , dont les yeux semblaient nous *menacer*.....

Mes pieds marchaient. couraient, sans pouvoir avancer ;

Et *toujours*, mais en vain.

— (R.) Oh ! c'est vrai . dans un rêve ,

On s'élance, on veut fuir, on ne peut pas..... Achève.

— E. Tout à coup , à Windsor je me crus transporté ;

Le feuillage , tremblait , par les vents agité ;

Leur souffle , tiède et lourd , annonçait un orage

Pour deux pâles boutons, qui , presque du même âge,

Sur un même rameau confondant leur parfum,

L'un à l'autre enlacés, semblaient n'en former qu'un.

Unis comme eux, Richard, nous admirions leurs charmes,

Et , voyant l'eau du ciel , qui les couvrait de larmes,

Je les pris en pitié, sans deviner pourquoi ;

Et tu me dis alors : « Mon frère, un d'eux , c'est toi ;

L'autre , c'est moi. » Soudain , le fer brille.... O *prodige* !

Le sang , par jets vermeils s'échappe de leur tige....

Comme si c'était moi qui le perdais, ce sang,

Mon cœur , vint à faillir ; ma main. en se baissant ,

Pour *chercher* dans la nuit leurs feuilles dispersées,

Toucha , de *deux* enfants les dépouilles *glacées* ;

Puis , je ne sentis plus ; mais j'entendis des voix

Qui disaient : « Portez-les au tombeau de nos rois. »

CASIMIR DELAVIGNE.

COITIER ET LOUIS XI.

(L) Faux ami,

M'as-tu trouvé , pour toi généreux à demi ?
Va, tu n'es qu'un ingrat.

— (C.) Ce fut pour ne pas l'être ,
Que j'ai sauvé Nemours.

— (L.) L'assassin de ton maître,

Lui , qui voulait ma perte !

                  — (C.) En chevalier : son bras ,

Combat, quand il se venge , et n'assassine pas.

Je devais tout au père, et me tiendrais infâme ,

Si ses bienfaits passés ne vivaient dans mon ame.

-- (L.) Mais les miens sont présents, et tu trahis les miens.

Tu le trompes , ce roi qui t'a comblé de biens ;

De quel prix , n'ai-je pas récompensé tes peines ?

De l'or, je t'en accable, et tes mains en sont pleines ;

Je donne , sans compter, comme un autre promet.

Nemours, pour être aimé, fit-il plus ?

                       — (C.) Il m'aimait.

Vous , quels sont-ils , vos droits à ma reconnaissance ?

Dieu merci , nous traitons de puissance à puissance ;

L'un pour l'autre, une fois, n'ayons pas de secret :

Vous donnez , par terreur, je prends , par intérêt.

En consumant ma vie à prolonger la vôtre,

J'en cède une moitié , pour mieux jouir de l'autre.

Je vends, et vous payez : ce n'est plus qu'un contrat.

Où le cœur n'est pour rien, personne , n'est ingrat.

Les rois , avec de l'or, pensent que tout s'achète ;

Mais un don , qu'on vous doit, un bienfait , qu'on vous jette ,

Laisse votre âme à l'aise , avec le bienfaiteur.

On paie , un courtisan, on paie , un serviteur ;

Un ami, Sire, on l'aime, et n'eût-il pour salaire ,

Qu'un regard attendri, quand il a pu vous plaire,

Qu'un mot , parti du cœur, quand il vous tend les bras,

Il aime, il est à vous, mais il ne se vend pas.

Comme on se donne à lui , sans partage il se donne,

Et, parjure à l'honneur, lorsqu'il vous abandonne,

S'il vous regarde en face , après avoir failli,

On a droit de lui dire : Ingrat, tu m'as trahi !

— (L.) Eh bien ! mon bon Coitier, je t'aimerai, je t'aime.

— (C.) Pour vous.....

      — (L.) Sans intérêt..... Ma souffrance , est extrême,

J'en conviens, mais le Saint , peut me guérir demain :

C'est donc sans intérêt , que je te tends la main.

CASIMIR DELAVIGNE.

SCÈNE DU 1er ACTE DU MISANTHROPE.

ORONTE, ALCESTE, PHILINTE.

(O. à A.) Monsieur, j'ai su ⸗ là-bas ⸗ que, pour quelques

Éliante est sortie, et Célimène ⸗ aussi ;   emplettes,]

Mais, comme l'on m'a dit que vous étiez ici,

J'ai monté ⸗ pour vous dire, et d'un cœur véritable,

Que j'ai conçu pour vous une estime incroyable,

Et que depuis longtemps cette estime ⸗ m'a mis

Dans un ardent désir d'être de vos amis,

Oui, mon cœur ⸗ au mérite ⸗ aime à rendre justice,

Et je brûle ⸗ qu'un nœud d'amitié ⸗ nous unisse.

Je crois ⸗ qu'un ami ⸗ chaud ⸗ et de ma qualité,

N'est pas assurément pour être rejeté....... .

C'est à vous, s'il vous plaît, que ce discours s'adresse.

— (A.) A moi, Monsieur ?

          — (O.) A vous. Trouvez-vous qu'il vous blesse ?

— (A.) Non pas. Mais la surprise ⸗ est fort grande pour moi ;

Et je n'attendais pas l'honneur que je reçoi.

—(O.) L'estime où je vous tiens, ne doit point vous surprendre,

Et de tout l'univers vous la pouvez prétendre.

— (A.) Monsieur.....

      — (O.) L'État n'a rien, qui ne soit au-dessous

Du mérite éclatant que l'on découvre en vous.

— (A.) Monsieur.....

      — (O.) Oui, de ma part, je vous tiens préférable

A tout ce que j'y vois de plus considérable.

— (A.) Monsieur.....

      — (O.) Sois-je du ciel écrasé, si je mens!

Et pour vous confirmer ici mes sentiments,

Souffrez qu'à cœur ouvert, Monsieur, je vous embrasse

Et qu'en votre amitié je vous demande place.

Touchez-la, s'il vous plaît. Vous me la promettez,

Votre amitié?

      — (A.) Monsieur.....

      — (O.) Quoi! vous y résistez?

—(A.) Monsieur, c'est trop d'honneur que vous me voulez faire.

Mais l'amitié demande un peu plus de mystère,

Et c'est assurément en profaner le nom,

Que de vouloir, le mettre à toute occasion.

Avec lumière et choix cette union, veut naître.

Avant que nous lier, il faut, nous mieux connaître ;

Et nous pourrions avoir telles complexions,

Que tous deux, du marché nous nous repentirions.

— (O.) Parbleu ! c'est là-dessus parler en homme sage,

Et je vous en estime encore, davantage.

Souffrons donc, que le temps forme des nœuds si doux ;

Mais cependant, je m'offre entièrement à vous.

S'il faut, faire à la cour, pour vous, quelque ouverture,

On sait, qu'auprès du roi, je fais quelque figure ;

Il m'écoute, et dans tout il en use, ma foi,

Le plus honnêtement du monde avecque moi.

Enfin, je suis à vous, de toutes les manières ;

Et, comme votre esprit a de grandes lumières,

Je viens, pour commencer entre nous ce beau nœud,

Vous montrer, un sonnet, que j'ai fait depuis peu,

Et savoir s'il est bon, qu'au public je l'expose.

— (A.) Monsieur, je suis peu propre à décider la chose.

Veuillez m'en dispenser.

— 213 —

— (O.) Pourquoi?

— (A.) J'ai le défaut,

D'être un peu plus sincère en cela, qu'il ne faut.

— (O.) C'est ce que je demande, et j'aurai's lieu de pla nte,

Si m'exposant à vous, pour me parler sans feinte,

Vous alliez me trahir, et me déguiser rien.

— (A.) Puisqu'il vous plaît ainsi, monsieur, je le veux bien.

— (O.) Sonnet. C'est un sonnet. L'espoir... c'est une dame,

Qui, de quelque espérance avait *flatté* ma *flamme*.

L'espoir. . ce ne sont point de ces *grands* vers pompeux,

Mais de petits *vers*, *doux*, tendres et langoureux.

— (A.) Nous verrons bien.

— (O.) L'espoir... Je ne sais, si le style,

Pourra, vous en paraître, assez net et facile,

Et si, du choix des mots vous vous contenterez.

— (O.) Nous allons voir, Monsieur.

— (A.) Au reste, vous saurez,

Que je n'ai demeuré qu'un quart d'heure, à le faire.

— (A.) Voyons, Monsieur; le temps ne fait rien à l'affaire.

— (O. *lit*). L'espoir, il est vrai, nous soulage,

Et nous berce un temps , notre ennui :

Mais, Philis, le triste avantage ,

Lorsque rien , ne marche après lui !

— (Ph.) Je suis déjà *charmé* , de ce petit morceau.

— (A. *bas.*) Quoi ! vous avez le *front* de trouver cela beau !

— (O.) Vous eûtes de la complaisance ;

Mais vous en deviez moins avoir,

Et ne vous pas mettre en dépense,

Pour ne me donner , que l'espoir.

— (Ph.) Ah ! qu'en termes *galants* , ces choses-là , sont mises !

— (A. *bas,*) Hé quoi ! *vil* complaisant, vous louez des sottises !

— (O.) S'il faut qu'une attente éternelle ,

Pousse à bout l'ardeur de mon zéle,

Le trépas sera mon recours,

Vos soins ne m'en peuvent distraire :

Belle Philis, on désespère ,

Alors qu'on espère , toujours.

— (Ph.) La chute , en est *jolie*, amoureuse, admirable.

— (A. *bas.*) La *peste* de ta chute, empoisonneur au diable !

En eusses-tu fait une , à te casser le nez !

— (Ph.) Je n'ai jamais ouï ; de vers si bien tournés.

— (A. *bas.*) Morbleu !

— (O. *à Ph.*) Vous me flattez, et vous croyez peut-être...

— (Ph.) Non ; je ne flatte point.

— (A. *bas.*) Hé ! que fais-tu donc, traître ?

—(O. *à A.*) Mais, pour vous, vous savez ; quel est notre traité :
Parlez moi, je vous prie, avec sincérité.

— (A.) Monsieur, cette matière ; est toujours délicate,
Et sur le bel esprit ; nous aimons qu'on nous flatte.
Mais un jour ; à quelqu'un, dont je tairai le nom,
Je disais, en voyant des vers de sa façon,
Qu'il faut qu'un galant homme ; ait toujours grand empire ;
Sur les *démangeaisons* qui nous prennent d'écrire ;
Qu'il doit tenir la bride aux grands empressements
Qu'on a ; de faire éclat de tels amusements ;
Et que, par la *chaleur* de montrer ses ouvrages,
On s'expose ; à jouer de mauvais personnages.

— (O.) Est-ce que vous voulez me déclarer par là ;
Que j'ai tort de vouloir ?....

— A.) Je ne dis pas cela.

Mais je lui disais, moi, qu'un *froid* écrit ? assomme ;

Qu'il ne faut que ce faible ? à décrier un homme ;

Et qu'eût-on ? d'autre part ? cent belles qualités,

On regarde les gens par leurs méchants côtés.

— (O.) Est-ce qu'à mon sonnet vous trouvez à redire ?

— (A.) Je ne dis pas cela. Mais, pour ne point écrire,

Je lui mettais aux yeux ? comme ? dans notre temps ?

Cette soif ? a gâté de *fort* honnêtes gens.

— (O.) Est-ce que j'écris mal ? et leur ressemblerais-je ?

— (A.) Je ne dis pas cela. Mais enfin, lui disais-je,

Quel besoin si pressant avez-vous de rimer ?

Et qui diantre ? vous pousse à vous faire imprimer ?

Si l'on peut pardonner l'essor d'un mauvais livre,

Ce n'est qu'aux malheureux ? qui composent pour vivre.

Croyez-moi, résistez à vos tentations,

Dérobez au public ces occupations ;

Et n'allez point quitter, de quoi que l'on vous somme,

Le nom que ? dans la cour ? vous avez d'honnête homme,

Pour prendre ? de la main d'un avide imprimeur ?

Celui ? de *ridicule* et *misérable* auteur.

C'est ce que je tâchai , de lui faire comprendre.

— (O.) Voilà , qui va *fort bien* , et je crois vous entendre :

Mais ne puis-je savoir , ce qui , dans mon sonnet?..

— (A.) Franchement , il le faut remettre au cabinet.

Vous vous êtes réglé , sur de *méchants* modèles,

Et vos expressions ne sont point naturelles.

Qu'est-ce que , *nous berce un temps notre ennui?*

    Et que, rien ne marche après lui?

    Que, ne vous pas mettre en dépense ;

    Pour ne me donner que l'espoir?

    Et que, Philis, on désespère

    Alors qu'on espère toujours?

Ce style figuré , dont on fait *vanité* ,

Sort du *bon* caractère et de la *vérité* ;

Ce n'est que jeu de mots, qu'affectation pure,

Et ce n'est point ainsi , que parle , la nature.

Le méchant goût du siècle , en cela me fait peur,

Nos pères, tout grossiers, l'avaient beaucoup meilleur,

Et je prise bien moins , tout ce que l'on admire,

Q'une *vieille* chanson , que je m'en vais vous dire :

Si le roi 7 m'avait donné 7

Paris 7 sa *grand'*ville,

Et qu'il me fallût 7 quitter 7

L'amour de ma mie,

Je dirais au roi Henri :

Reprenez votre Paris,

J'aime mieux ma mie, oh gay !

J'aime m eux ma mie.

La rime 7 n'est pas riche, et le style 7 en est vieux :

Mais ne voyez-vous pas 7 que cela vaut *bien* mieux

Que ces *colifichets* 7 dont le bon sens murmure,

Et que la passion 7 parle là 7 toute pure ?

Si le roi 7 m'avait donné 7

Paris 7 sa *grand'*ville,

Et qu'il me fallût quitter 7

L'amour de ma mie,

Je dirais au roi Henri :

Reprenez votre Paris,

J'aime mieux ma mie, oh gay !

J'aime mieux ma mie.

Voilà, ce que peut dire un cœur vraiment épris.

(*A Philinte, qui rit:*)

Oui, monsieur le rieur, malgré vos beaux esprits,

J'estime plus cela, que la pompe fleurie

De tous ces *faux* brillants, où chacun se récrie.

— (O.) Et moi, je vous soutiens, que mes vers sont *fort* bons.

— (A.) Pour les trouver ainsi, vous avez vos raisons :

Mais vous trouverez bon, que j'en puisse avoir d'autres,

Qui se dispenseront de se soumettre aux vôtres.

— (O.) Il me suffit, de voir, que d'autres en font cas.

— (A.) C'est qu'ils ont l'art de feindre ; et moi, je ne l'ai pas.

— (O.) *Croyez-vous donc,* avoir tant d'esprit en partage?

— (A.) Si je louais vos vers, j'en aurais davantage.

— (O.) Je me passerai fort, que vous les approuviez.

— (A.) Il faut bien, s'il vous plaît, que vous vous en passiez.

— (O.) Je voudrais bien, pour voir, que, de votre manière,

Vous en composassiez sur la même matière.

— (A.) J'en pourrais, par malheur, faire d'aussi méchants;

Mais je me garderais de les montrer aux gens.

— (O.) Vous me parlez bien ferme, et cette suffisance...

— (A.) Autre part que chez moi, cherchez qui vous encense.

— (O.) Mais, mon *petit* monsieur, prenez-le un peu moins *haut.*

— (A.) Ma *foi,* mon *grand* monsieur, je le prends comme il faut.

— (Ph., se mettant entre deux.)

Hé ! messieurs, c'en est trop. Laissez cela, de *grâce.*

— (O.) Ah ! j'ai tort, je l'avoue, et je quitte la place.

Je suis votre valet, Monsieur, de *tout* mon cœur.

— (A.) Et moi, je suis, Monsieur, votre humble serviteur.

MOLIÈRE.

MORCEAUX DE PROSE.

NIDS DES OISEAUX.

Une admirable *Providence* se fait remarquer dans les nids des oiseaux. On ne peut contempler, sans en être attendri, cette *bonté divine*, qui donne l'industrie au faible, et la *prévoyance* à l'insouciant.

Aussitôt que les arbres ont développé leurs fleurs, mille ouvriers commencent leurs travaux; ceux-ci portent de longues pailles dans le trou d'un vieux mur; ceux-là maçonnent des bâtiments aux fenêtres d'une église; d'autres cherchent un crin, à une cavale, ou le brin de laine, que la brebis a laissé suspendu à la ronce. Il y a des bûcherons, qui croisent des branches dans la cime d'un arbre; il y a des filandières, qui recueillent la soie sur un chardon. Mille palais s'élèvent, et chaque palais est un nid, chaque nid, voit des métamorphoses charmantes, un œuf brillant, ensuite un petit, couvert de duvet. Ce nourrisson prend des plumes; sa mère lui apprend à se soulever sur sa couche; bientôt il va jusqu'à se pencher sur le bord de son berceau, d'où il jette un premier coup-d'œil sur la nature. Effrayé et ravi, il se précipite parmi ses frères, qui n'ont point encore vu ce spectacle; mais, rappelé par la voix de ses parents, il sort une seconde fois de sa couche, et ce jeune roi des airs, qui porte encore la couronne de l'enfance autour de sa tête, ose déjà contempler le vaste ciel, la cime ondoyante des pins, et les abîmes de verdure au-dessous du chêne paternel. Et cependant, tandis que les forêts se réjouissent en recevant leur nouvel hôte, un vieil oiseau, qui se sent abandonné de ses ailes, vient s'abattre auprès d'un courant d'eau; là, résigné et solitaire, il attend tranquillement la mort, au bord du même fleuve où il chanta ses plaisirs, et dont les arbres portent encore son nid, et sa postérité harmonieuse.

CHATEAUBRIAND.

LA PRIÈRE DU SOIR A BORD D'UN VAISSEAU.

Le globe du soleil, dont nos yeux pouvaient alors soutenir l'éclat, prêt à se plonger dans les vagues étincelantes, apparaissait entre les cordages du vaisseau, et versait encore le jour dans des espaces sans bornes. On eût dit, par les balancements de la poupe, que l'astre radieux changeait à chaque instant d'horizon ; les mâts, le haubans, les vergues du navire, étaient couverts d'une teinte rose ; quelques nuages erraient sans ordre dans l'orient, où la lune montait avec lenteur ; le reste du ciel était pur, et, à l'horizon du nord, une trombe, chargée des couleurs du prisme, et formant un glorieux triangle avec l'astre du jour et celui de la nuit, s'élevait de la mer, comme une colonne de cristal, supportant la voûte du ciel.

Il eût été bien à plaindre, celui qui, dans ce beau spectacle, n'eût pas reconnu la beauté de Dieu. Des larmes coulèrent malgré moi de mes paupières, lorsque tous mes compagnons, ôtant leurs chapeaux goudronnés, vinrent entonner d'une voix rauque, leur simple cantique, à Notre-Dame-de-Bon-Secours, patronne des mariniers.

Qu'elle était touchante, la prière de ces hommes, qui, sur une planche *fragile*, au milieu de l'Océan, contemplaient un soleil couchant sur les flots ! Comme elle allait à l'âme, cette invocation du pauvre matelot, à la Mère de Douleur ! Cette humiliation, devant celui qui envoie les orages et le calme, cette conscience de notre *petitesse*, à la vue de l'infini, nos chants s'étendant au loin sur les vagues les monstres marins, étonnés de ces accents inconnus, se précipitant au fond de leurs gouffres, la nuit, s'approchant avec ses embûches, la merveille de notre vaisseau, au milieu de *tant* de merveilles, un équipage religieux, saisi d'admiration, et de crainte, Dieu, penché sur l'abîme, d'une main, retenant le soleil aux portes de l'occident de l'autre, élevant la lune dans l'orient, et prêtant à travers l'immensité, une oreille attentive à la voix de sa créature, voilà, ce qu'on ne saurait *peindre*, et ce que *tout* le cœur de l'homme, suffit à peine pour sentir.

CHATEAUBRIAND.

L'ÉVANGILE.

La majesté des Écritures, m'étonne, la sainteté de l'Évangile, parle à mon, cœur. Voyez les livres des *philosophes*, avec toute leur pompe; qu'ils sont *petits*, près de celui-là! Se peut-il, qu'un livre, à la fois si sublime et si sage, soit l'ouvrage des hommes? Se peut-il, que celui dont il fait l'histoire, ne soit qu'un homme lui-même? Est-ce là, le ton, d'un enthousiaste, ou d'un ambitieux sectaire? Quelle douceur! quelle pureté dans ses mœurs! quelle *grâce* touchante, dans ses instructions! quelle élévation, dans ses maximes! quelle *profonde* sagesse dans ses discours! quelle présence d'esprit, quelle *finesse*, et quelle *justesse*, dans ses réponses! quel empire sur ses passions! Où est l'homme, où est le sage, qui sait agir, souffrir et mourir, sans *faiblesse* et sans ostentation? Quand Platon, peint son juste imaginaire, couvert de tout l'opprobre du crime, et digne de tous les prix de la vertu, il peint, trait pour trait, Jésus-Christ; la ressemblance, est si *frappante*, que tous les Pères l'ont sentie, et qu'il n'est pas possible de s'y tromper.

Quels préjugés, quel aveuglement ne faut-il point avoir, pour oser comparer, le fils de Sophronisque au fils de Marie ! Quelle distance de l'un à l'autre ! Socrate, mourant sans douleur, sans ignominie, soutint aisément jusqu'au bout son personnage ; et si cette *facile* mort n'eût honoré sa vie, on douterait, si Socrate, avec tout son espr t, fut autre chose qu'un sophiste. Il inventa, d t-on, la morale ; d'autres, avant lui, l'avaient mise en pratique ; il ne fit que dire, ce qu'ils avaient fait ; il ne fit, que mettre en leçons leurs exemples. Aristide, avait été juste, avant que Socrate eût dit ce que c'était que la justice ; Léonidas était mort pour son pays, avant que Socrate eût fait un devoir d'aimer la patrie ; Sparte, était sobre, avant que Socrate eût loué la sobriété ; avant qu'il eût loué la vertu, la Grèce abondait, en hommes vertueux. Mais où Jésus, avait-il pris chez les siens, cette morale, élevée et pure, dont lui seul, a donné les leçons et l'exemple ? Du sein du plus *furieux* fanatisme, la plus haute sagesse, se fit entendre, et la simplicité des plus héroïques vertus, honora le plus vil de tous les peuples. La mort de Socrate, philosophant tranquillement avec ses amis, est la plus douce qu'on puisse désirer; celle de Jésus, expirant dans les tourments, injurié, raillé, maudit de tout un peuple, est la plus horrible qu'on puisse craindre. Socrate, prenant la coupe empoisonnée, bénit celui qui la lui présente, et qui pleure. Jésus, au milieu d'un affreux supplice, prie pour ses bourreaux acharnés. Oui, si la vie et la mort de Socrate sont d'un sage, la vie et la mort de Jésus sont d'un Dieu.

J.-J. ROUSSEAU.

LETTRE SUR LE SUICIDE.

Il t'est permis, dis-tu, de cesser de vivre. La preuve en est singulière, c'est que tu as envie de mourir. Voilà, certes, un argument fort commode pour les scélérats : ils doivent l'être bien obligés, des armes que tu leur fournis : il n'y aura plus de forfaits, qu'ils ne justifient par la tentation de les commettre ; et dès que la violence de la passion ? l'emportera sur l'horreur du crime, dans le désir de mal faire ? ils en trouveront aussi le droit.

Tu veux cesser de vivre ; mais je voudrais bien savoir, si tu as commencé. Quoi ! fus-tu placé sur la terre, pour n'y rien faire ? Le ciel ? ne t'imposa-t-il point avec la vie ? une tâche ? pour la remplir ? Si tu as fait ta journée avant le soir, repose-toi ? le reste du jour, tu le peux ; mais voyons ton ouvrage .... Quelle réponse tiens-tu prête au juge suprême ? qui te demandera compte de ton temps ? Parle, que lui diras-tu ? Malheureux, trouve-moi ? ce juste ? qui se vante d'avoir assez vécu : que j'apprenne de lui, comment il faut avoir porté la vie ? pour être en droit de la quitter.

Tu comptes les maux de l'humanité : tu ne rougis pas d'épuiser des lieux communs ? cent fois rebattus, et tu dis : La vie est un mal : — Mais regarde, cherche dans l'ordre des choses ? si tu y trouves quelques biens qui ne soient pas mêlés de maux : Est-ce donc à dire ? qu'il n'y ait aucun bien ? dans l'univers ? Et peux-tu ? confondre ? ce qui est mal par sa nature, avec ce qui ne souffre le mal ? que par accident? Tu l'as dit , toi-même, la vie passive de l'homme , n'est rien, et ne regarde qu'un corps , dont il sera bientôt délivré ; mais sa vie active et morale, qui doit influer sur tout son être , consiste , dans l'exercice de sa volonté. La vie est un mal , pour le méchant qui prospère, et un bien , pour l'honnête homme infortuné : car , ce n'est pas une modification passagère, mais son rapport avec son objet, qui rend la vie , bonne ou mauvaise.

Tu t'ennuies de vivre, et tu dis : La vie est un mal. Tôt ou tard tu seras consolé, et tu diras : La vie est un bien. Tu diras plus vrai, sans mieux raisonner, car rien , n'aura changé , que toi. Change donc , dès aujourd'hui, et, puisque c'est dans la mauvaise disposition de ton âme , qu'est tout le mal, corrige tes affections déréglées, et ne brûle pas ta maison, pour n'avoir pas la peine de la ranger.

Le suicide , est une mort *furtive* et *honteuse*. C'est un *vol* , fait au genre humain : avant de l'abandonner, rends-lui , ce qu'il a fait pour toi. — Mais je ne tiens à rien..... Je suis inutile au monde..... *Philosophe* d'un jour ! Ignores-tu , que tu ne saurais faire un pas sur la terre , sans y tronver quelque devoir à remplir, et que tout homme est utile à l'humanité, par cela seul qu'il existe !

Écoute-moi, jeune insensé: Tu m'es cher, j'ai pitié de tes erreurs ; s'il te reste au fond du cœur le moindre sentiment de vertu, viens, que je t'apprenne à aimer la vie. Chaque fois que tu seras tenté d'en sortir, dis en toi-même : « Que je fasse encore une bonne action avant que de « mourir. » Puis, va chercher quelque indigent à secourir, quelque infortuné, à consoler, quelque opprimé à défendre. Si cette considération te retient aujourd'hui, elle te retiendra demain, après demain, toute la vie. Si elle ne te retient pas, meurs: Tu n'es qu'un *méchant*.

J.-J. Rousseau.

EXÉCUTION DE CHARLES Ier,

ROI D'ANGLETERRE.

Il était une heure : Hacker, frappa à la porte, Juxon et Herbert tombèrent à genoux : « Relevez-vous, mon vieil ami, » dit le roi à l'évêque, en lui tendant la main. Hacker frappa de nouveau ; Charles fit ouvrir la porte. « Marchez, dit-il au colonel, je vous suis : » Il s'avança le long de la salle des banquets, toujours entre deux haies de troupes. Une foule d'hommes et de femmes s'y étaient *précipités* au péril de leur vie, immobiles derrière la garde, et priant pour le roi à mesure qu'il passait : Les soldats, silencieux eux-mêmes, ne les rudoyaient point. A l'extrémité de la salle, une ouverture, pratiquée la veille dans le mur, conduisait de plain-pied, à l'échafaud, tendu de noir. Deux hommes étaient debout auprès de la hache, tous deux en habits de matelot, et masqués. Le roi, arriva la tête haute, promenant de tous côtés ses regards, et cherchant le peuple pour lui parler. Mais les troupes couvraient seules la place ; nul, ne pouvait approcher. Il se tourna vers Juxon et Tomlinson : « Je ne puis guère être entendu que de vous, leur dit-il, ce sera donc à vous que j'adresserai quelques paroles. » Et il leur adressa, en effet, un petit discours, qu'il avait préparé, calme et grave, jusqu'à la froideur, uniquement appliqué à soutenir, « qu'il avait eu raison, que le mépris des droits du souverain, était la *vraie* cause des malheurs du peuple, que le peuple ne devait avoir aucune part dans le gouvernement, qu'à cette seule condition, le royaume retrouverait la paix et ses libertés. » Pendant qu'il parlait, quelqu'un toucha à la hache; il se retourna précipitamment, disant : « Ne gâtez pas la hache; elle me ferait plus de mal. » Et, son discours terminé, quelqu'un s'en approchant encore : « Prenez garde à la hache, *prenez garde à la hache,* » répéta-t-il, d'un ton d'effroi. Le plus *profond* silence régnait. Il mit sur sa tête un bonnet de soie, et s'adressant à l'exécuteur : « Mes cheveux vous gênent-ils? — Je prie votre Majesté, de les ranger sous son bonnet, » répondit l'homme en s'inclinant. Le roi les rangea, avec l'aide de l'évêque. « J'ai pour moi, dit-il, en prenant ce soin, une *bonne cause,* et un Dieu clément. — (Juxon :) Oui, Sire; il n'y a qu'un *pas* à franchir : il est plein de *trouble* et d'angoisse; mais de *peu* de durée; et songez, qu'il vous fait faire un *grand* trajet : il vous transporte, de la terre au Ciel. — (Le Roi :) Je passe, d'une couronne *corruptible,* à une couronne incorruptible, où je n'aurai à craindre, aucun trouble, aucune espèce de trouble. » Et, se tournant vers l'exécuteur : « Mes cheveux sont-ils bien ? » Il ôta son manteau et son saint George, donna le saint George à l'évêque, en lui disant : « Souvenez-vous ; » ôta son habit, remit son manteau, et, regardant le billot : « Placez-le de manière à ce qu'il soit bien ferme, » dit-il à l'exécuteur. « Il est ferme, Sire. — Je ferai une courte prière, et quand j'étendrai les mains, alors............................ »

Il se recueillit, se dit à lui-même quelques mots à voix basse, leva les yeux au ciel, s'agenouilla, posa la tête sur le billot. L'exécuteur toucha ses cheveux, pour les ranger encore sous son bonnet ; le roi, crut qu'il allait frapper : « Attendez le signe, » lui dit-il. « Je l'attendrai, Sire, avec le bon plaisir de votre Majesté. » Au bout d'un instant, le roi étendit les mains, l'exécuteur frappa ; la tête, tomba au premier coup « Voilà la tête d'un traître ! » dit-il, en la montrant au peuple. Un long et sourd *gémissement*, s'éleva autour de **White-Hall** ; beaucoup de gens se *précipitaient* au pied de l'échafaud, pour tremper leur mouchoir dans le sang du roi. Deux corps de cavalerie, s'avançant dans deux directions différentes, dispersèrent lentement la foule. L'échafaud 7 demeuré solitaire, on enleva le corps. Il était déjà enfermé dans le cercueil; Cromwell 7 voulut le voir, le considéra 7 attentivement, et, soulevant de ses mains la tête, comme pour s'assurer qu'elle était bien séparée du tronc: « C'était là 7 un corps *bien* constitué, dit-il, et qui promettait une longue vie. »

Guizot.

LETTRE DE Mme DE SÉVIGNÉ.

On venait de recevoir à Paris la nouvelle du passage du Rhin; mais personne ne savait encore quels étaient les morts et les blessés. D'heure en heure arrivaient des courriers, apportant des dépêches circonstanciées. La duchesse de Longueville avait à l'armée son fils unique et son frère, le grand Condé, et cette dame attendait de leurs nouvelles avec une vive anxiété. Mademoiselle de Vertus, supérieure de Port-Royal, célèbre par sa haute piété, avait passé la journée auprès d'elle, et venait de retourner à son couvent; le ministre de la guerre, ayant appris dans la soirée que M. le prince était blessé, et le duc de Longueville tué, dépêcha sur-le-champ à Port-Royal, pour que la supérieure vînt annoncer ce fatal événement à la duchesse.

Mademoiselle de Vertus revint précipitamment à Paris, et se rendit aussitôt chez madame de Longueville Celle-ci, la voyant reparaître à l'improviste, fut saisie de terreur, et pressentit le coup qui allait la frapper.

Cette entrevue est racontée dans la lettre suivante de madame de Sévigné :

Madame de Longueville, fait fendre le cœur, à ce que l'on dit. Je ne l'ai point vue, mais voici ce que je sais : Mademoiselle de Vertus était retournée depuis la veille à Port-Royal, où elle est presque toujours. On est allé la quérir, avec M. Arnaud, pour dire cette terrible nouvelle.

Mademoiselle de Vertus n'avait qu'à se montrer : ce retour précipité, marquait bien quelque chose de funeste. En effet, dès qu'elle parut : — Ah ! mademoiselle, comment se porte mon frère ?..... » Sa pensée n'osa aller plus loin.

« Madame, il se porte bien, de sa blessure. Il y a eu un combat

— Et mon fils ? »

On ne lui répondit rien.

« Ah ! mademoiselle ! mon fils ? mon fils ? mon cher

enfant ?...........

— Madame, je n'ai point de paroles pour vous répondre.

— Ah ! mademoiselle ! mon *fils* ! mon *cher* enfant !!!

Répondez-moi ! est-il *mort* sur le champ ?

N'a-t-il pas eu un seul moment à lui ?

Ah ! mon Dieu ! quel sacrifice !!! »

Et là dessus, elle tombe sur son lit.....

Tout ce que la plus *vive douleur* peut faire,

Et par des convulsions,

Et par des évanouissements,

Et par un si'ence *mortel*,

Et par des *cris* étouffés,

Et par des *larmes* amères,

Et par des élans vers le ciel,

Et par des plaintes tendres et *pitoyables*,

Elle a *tout* éprouvé.

EXORDE

D'UN SERMON DU MISSIONNAIRE BRIDAINE.

Le missionnaire Bridaine, qui n'avait jusqu'alors prêché que dans des villages, fut mandé à St-Sulpice, en 1751, pour y prêcher le carême, à cause de la beauté de sa voix, qui se faisait facilement entendre, en plein air, d'un auditoire de dix mille personnes. Toute la cour se rendit à Saint-Sulpice, plutôt par curiosité que par dévotion, afin de s'assurer si ce que l'on disait de la force des poumons de ce prédicateur, était vrai.

Quand le prêtre de campagne fut monté en chaire, et qu'il vit sous ses yeux cette foule tumultueuse, ce luxe effréné de parures, ces grands seigneurs chamarrés d'or, ces femmes resplendissantes de diamants, qui s'étaient donné rendez-vous dans l'église, pour y trouver un divertissement, bien plus que pour y recevoir la parole évangélique, le prêtre de campagne remplaça l'exorde qu'il avait préparé, par celui qu'on va lire.

(Tout son sermon, fut écouté avec un profond recueillement, et beaucoup de personnes se convertirent.)

A la vue d'un auditoire si nouveau pour moi, il semble, mes frères, que je ne devrais ouvrir la bouche, que pour vous demander grâce en faveur d'un pauvre missionnaire, dépourvu de tous les *talents* que vous *exigez*, quand on vient vous parler de votre salut.

J'éprouve cependant aujourd'hui, un sentiment *bien* différent ; et, si je suis humilié, gardez-vous de croire, que je m'abaisse aux *misérables* inquiétudes, de la *vanité*. A Dieu ne plaise, qu'un ministre du Ciel, pense jamais avoir besoin d'excuse auprès de vous ; car, qui que vous soyez, vous n'êtes, tous, comme moi, que des *pécheurs*. C'est donc, uniquement, devant votre Dieu, et le mien, que je me sens pressé, en ce moment, de *frapper* ma poitrine.

Jusqu'à présent, j'ai publié les justices du Très-Haut, dans des temples couverts de chaume ; j'ai prêché, les *ri**gueurs* de la pénitence, à des infortunés qui manquaient de pain ; j'ai annoncé, aux bons habitants des campagnes, les *vérités* les plus *effrayantes* de ma religion..... Qu'ai-je fait ! *malheureux* ! J'ai contristé les pauvres, les *meilleurs* amis de mon Dieu ; j'ai porté l'épouvante et la douleur, dans ces âmes simples et fidéles, que j'aurais dû, plaindre et consoler !...

C'est ici, où mes regards ne tombent que sur des grands, sur des riches, sur des oppresseurs de l'humanité souffrante, ou des *pécheurs* audacieux et endurcis, ah ! c'est ici seulement, qu'il fallait, faire retentir la parole sainte, dans toute la force de son *tonnerre*, et placer avec moi, dans cette chaire, d'un côté, la mort, qui vous menace, et de l'autre, mon *grand* Dieu, qui vient vous juger Je tiens aujourd'hui votre sentence à la main : *Tremblez* donc devant moi, hommes superbes et *dédaigneux* qui m'écoutez ! La nécessité du salut, la certitude de la mort, l'incertitude de cette heure si effroyable pour vous, l'impénitence finale, le jugement dernier, le petit nombre des élus, l'Enfer ! et par-dessus tout, l'Eternité : l'Eternité !... Voilà, les sujets dont je viens vous entretenir, et que j'aurais dû sans doute réserver pour vous seuls.

Eh ! qu'ai-je besoin de vos suffrages, qui me damneraient peut-être, sans vous sauver ! Dieu, va vous émouvoir, tandis que son indigne ministre, vous parlera : car j'ai acquis une longue expérience de ses *miséricordes*.

Alors, pénétrés d'horreur pour vos iniquités passées, vous viendrez vous jeter dans mes bras, en versant des larmes de *componction* et de *repentir*, et, à *force* de *remords*, vous me trouverez, peut-être, assez éloquent.

(Extrait des OEuvres du cardinal Maury.)

━━━◆━━━

FRAGMENT DU SERMON DE MASSILLON

SUR LE PETIT NOMBRE DES ÉLUS.

Je suppose, que c'est ici votre dernière heure, et la fin de l'univers ; que les cieux vont s'ouvrir sur nos têtes, Jésus-Christ paraître, dans sa gloire, au milieu de ce temple, et que vous n'y êtes assemblés que pour l'attendre, et comme des criminels tremblants, à qui l'on va prononcer, une sentence de grâce, ou un arrêt de mort éternelle ; car, vous avez beau vous flatter, vous mourrez, tels que vous êtes aujourd'hui : Tous ces désirs de changement, qui vous amusent, vous amuseront jusqu'au lit de la mort :

c'est l'expérience de tous les siècles. Tout ce que vous trouverez alors en vous de nouveau, sera, peut-être, un compte, un peu plus grand, que celui que vous auriez aujourd'hui à rendre; et, sur ce que vous seriez, si l'on venait vous juger dans ce moment, vous pouvez presque décider, de ce qui vous arrivera, au sortir de la vie.

Or, je vous demande, et je vous le demande, *frappé de* terreur, ne séparant pas, en ce point, mon sort du vôtre, et me mettant dans la même disposition, où je souhaite que vous entriez, je vous demande donc, si Jésus-Christ, paraissait dans ce temple, au milieu de cette assemblée, la plus auguste de l'univers, pour nous juger, pour faire le terrible discernement, des boucs et des brebis, croyez-vous, que le plus grand nombre de tout ce que nous sommes ici, fût placé, à sa droite? Croyez-vous, que les choses, du moins, fussent égales? Croyez-vous, qu'il s'y trouvât seulement, *dix justes*, que le Seigneur ne put trouver autrefois, en cinq villes tout entières? Je vous le demande; vous l'ignorez : et je l'ignore moi-même. Vous seul, ô mon Dieu! connaissez, ceux qui vous appartiennent. Mais si nous ne connaissons pas ceux qui lui appartiennent. nous savons, du moins, que les pécheurs ne lui appartiennent pas. Or, qui sont les fidèles, ici rassemblés ? Les titres les dignités, ne doivent être comptés pour rien ; vous en serez dépouillés, devant Jésus-Christ : Qui sont-ils ? Beaucoup de pécheurs, qui ne veulent pas se convertir ; encore plus, qui le voudraient, mais qui diffèrent leur conversion : plusieurs autres, qui ne se convertissent jamais, que pour retomber ; enfin, un grand nombre, qui croient n'avoir pas besoin de conversion. Voilà le parti des réprouvés. Retranchez, ces quatre sortes de pécheurs de cette assemblée, comme ils en seront retranchés au dernier jour.... Paraissez maintenant, justes ; où êtes-vous ? Restes d'Israël, passez à la droite ; froment de Jésus-Christ, démêlez-vous de cette paille, destinée au feu..... Ô Dieu ! où sont vos élus, et que reste-t-il, pour votre partage ?

GUILLAUME TELL.

Gesler ayant, selon la chronique, fait dresser sur la place publ que d'Altorf, capitale du canton d'Uri, une perche au bout de laquelle il avait fait placer le chapeau ducal d'Autriche, enjoignit à tous les Suisses de rendre à ce chapeau les honneurs prescrits envers le prince lui-même.

Tell, dénoncé pour avoir désobéi à ce décret de servitude, fut condamné par Gesler à abattre d'un coup de flèche, sur la tête de son propre fils, une pomme que le tyran y avait fait placer.

Il regarde son fils, s'arrête, lève les yeux vers le ciel, jette son arc et sa flèche, et demande à parler à Gemmi. Quatre soldats le mènent vers lui : « Mon fils, dit-il, j'ai besoin de venir t'embrasser encore, de te répéter ce que je t'ai dit. Sois immobile, mon fils, pose un genou en terre, tu seras plus sûr, ce me semble, de ne point faire de mouvement ; tu prieras Dieu, mon fils, de protéger ton malheureux père. Ah ! ne le prie que pour toi ; que mon idée ne vienne pas t'attendrir, affaiblir peut-être, ce mâle courage, que j'admire sans l'imiter. Ô mon enfant ! oui, je ne puis me montrer aussi grand que toi. Soutiens, soutiens cette fermeté, dont je voudrais pouvoir te donner l'exemple. Oui, demeure ainsi, mon enfant, te voilà comme je te veux..... comme je te veux, malheureux que je suis ! et vous le souffrez, ô mon Dieu ! Écoute. ... détourne la tête..... Tu ne sais pas, tu ne peux prévoir, l'effet que produira sur toi, cette pointe, ce fer brillant, dirigé contre ton front : détourne la tête, mon fils, et ne me regarde pas. — Non, non, lui répond l'enfant, ne craignez rien, je veux vous regarder, je ne verrai point la flèche, je ne verrai, que mon père. — Ah ! mon cher fils, s'écrie Tell, ne me parle pas ; ta voix, ton accent, m'ôteraient ma force. Tais-toi, prie Dieu, ne remue pas. » Guillaume, l'embrasse en disant ces mots, veut le quitter, l'embrasse encore, répète ses dernières paroles, pose la pomme sur sa tête, et, se retournant brusquement, regagne sa place à pas précipités. Là, il reprend son arc, sa flèche, reporte ses yeux vers un but si cher, essaie, deux fois, de lever son arc, et deux fois ses mains paternelles, le laissent retomber. Enfin, rappelant toute son adresse, toute sa force, tout son courage, il essuie les larmes, qui viennent toûjoûrs obscurcir sa vue ; il invoque le Tout-Puissant, qui, du haut du Ciel, veille sur les pères ; et, roidissant son bras qui tremble, il force, accoutume son œil, à ne regarder que la pomme. Profitant de ce seul instant, aussi rapide que la pensée, où

il parvient à oublier son fils, il vise, lance son trait, et la
pomme emportée, *vole avec lui.*

FLORIAN.

LE QUIPROQUO.

L'impératrice Catherine avait un joli chien qu'elle
aimait beaucoup, et auquel elle avait donné le nom de Suderland, parce que c'était celui d'un Anglais, qui lui en avait
fait présent.

Il y avait à sa cour un banquier très-riche, nommé aussi
Suderland, qui jouissait auprès d'elle d'une assez grande
faveur.

Or, le chien Suderland vint à mourir; l'impératrice,
voulant conserver sa peau, ordonna à son préfet de police de
la faire empailler. Le préfet de police à qui l'on ordonne de
faire empailler Suderland, s'imagine qu'il s'agit du banquier de la Cour; il se trouble, il hésite, il veut hasarder
quelques observations; Catherine impatientée, réitère l'ordre
d'un ton sévère, et le maître de police, tout tremblant, se

dispose à obéir. Il fait entourer de soldats la maison du banquier Suderland, monte à son cabinet, et paraît devant lui, avec l'air consterné. « Monsieur Suderland, dit-il, je me vois, avec un vrai *chagrin*, chargé par ma gracieuse souveraine, d'exécuter un ordre, dont la sévérité m'effraie, et m'afflige, et j'ignore par quelle faute, ou par quel délit, vous avez excité à ce point, le ressentiment de sa majesté. — Moi! Monsieur, répond le banquier ; je l'ignore, autant et plus que vous ; ma surprise, surpasse la vôtre. Mais enfin, quel est cet ordre? — Monsieur, reprend l'officier, en vérité, le courage me manque, pour vous le faire connaître. — Eh quoi! aurais-je perdu la confiance de l'impératrice? — Si ce n'était que cela, vous ne me verriez pas si désolé. La confiance, peut revenir; une place, peut être rendue. — Eh bien! s'agit-il de me renvoyer dans mon pays? — Ce serait une contrariété; mais, avec vos richesses, on est bien partout. — Ah! mon Dieu! s'écrie Suderland tremblant, est-il question de m'envoyer en Sibérie? — Hélas! on en revient. — De me jeter en prison? — Si ce n'était que cela, on en sort. — Bonté divine! voudrait-on, me knouter ? — Ce supplice est affreux, mais il ne tue pas. — Eh quoi ! dit le banquier, en sanglotant, ma vie, est-elle en péril ? L'Impératrice, si bonne, si clémente, qui me parlait encore si doucement, il y a deux jours, elle voudrait...... Mais non ! je ne puis le croire. Ah ! de grâce ! achevez ! la mort serait moins cruelle, que cette attente insupportable. Eh ! bien ! mon cher, dit enfin l'officier de police, avec une voix lamentable, ma *gracieuse* souveraine, m'a donné l'ordre, de vous faire empailler. »

De Ségur.

LE DINER DE L'ABBÉ COSSON.

L'abbé Delille, en avril 1785, étant à dîner chez Marmontel, son confrère, raconta ce qu'on va lire, au sujet des usages qui s'observent à table, dans la bonne compagnie. On parlait de la multitude de petites choses, qu'un honnête homme est obligé de savoir dans le monde, pour ne pas courir le risque d'y être bafoué. « Elles sont innombrables, dit M. Delille, et ce qu'il y a de fâcheux, c'est que tout l'esprit du monde ne suffirait pas, pour faire deviner ces importantes vetilles. Dernièrement ajouta-t-il, l'abbé Cosson, professeur de belles-lettres au collége Mazarin, me parla, d'un dîner, où il s'était trouvé quelques jours auparavant, avec des gens de cour, des cordons bleus, des maréchaux de France, chez l'abbé de Radonvilliers, à Versailles. — Je parie, lui dis-je, que vous y avez commis, cent incongruités. — Comment donc ? reprit vivement l'abbé Cosson, fort inquiet. Il me semble, que j'ai fait la même chose que tout le monde. — Quelle *présomption* ! je gage, que vous n'avez *rien* fait comme personne. Mais voyons, je me bornerai, au dîner. D'abord, que fîtes-vous de votre serviette, en vous mettant à table ? — De ma serviette ? je fis comme tout le monde ; je la déployai, je l'étendis sur moi, et je l'attachai par un coin, à ma boutonnière. — Eh bien ! mon cher, vous êtes le seul qui ayez fait cela : on n'étale point sa serviette, on la laisse sur ses genoux Et comment fîtes-vous, pour manger votre soupe ? — Comme tout le monde, je pense : je pris ma cuillère, d'une main, et ma fourchette, de l'autre:.... Votre *four-*

chette, *bon Dieu!* personne ne prend de fourchette, pour manger sa soupe; mais poursuivons. Après votre soupe, que mangeâtes-vous? — Un œuf frais. — Et que fîtes-vous de la coquille? comme tout le monde, je la laissai au laquais qui me servait. — Sans la casser? — Sans la casser. — Eh bien! mon cher, on ne mange jamais un œuf, sans briser la coquille; et, après votre œuf? — Je demandai du bouilli.

— Du bouilli! Personne ne se sert de cette expression; on demande du bœuf, et point du *bouilli*; et après cet aliment? — Je priai l'abbé de Radonvilliers de m'envoyer d'une très-belle volaille. — Malheureux! de la *volaille!* On demande du poulet, du chapon, de la poularde; on ne parle de volaille, qu'à la basse-cour. Mais vous ne dites rien de votre manière de demander à boire. — J'ai, comme tout le monde, demandé du champagne, du bordeaux aux personnes qui en avaient devant elles. — Sachez donc qu'on demande du vin de Champagne, du vin de Bordeaux, continua M. Delille..... Mais dites-moi quelque chose, de la manière dont vous mangeâtes votre pain. — Certainement à la manière de tout le monde: je le coupai

proprement ; avec mon couteau. — Eh ! on rompt son pain, ou
ne le coupe pas. Avançous. Le café, comment le prîtes-vous ?
— Oh ! pour le coup ; comme tout le monde ; il était brûlant,
je le versai ; par petites parties ; de ma tasse ; dans ma
soucoupe. — Eh bien ! vous fîtes ; comme ne fit sûrement
personne : tout le monde boit son café dans sa tasse , et
jamais dans sa soucoupe. Vous voyez donc, mon cher Cosson,
que vous n'avez pas dit un mot, pas fait un mouvement, qui
ne fût contre l'usage. — L'abbé Cosson ; était confondu, continua M. Delille. » Pendant six semaines, il s'informait à
toutes les personnes qu'il rencontrait ; de quelques-uns des
usages ; sur lesquels je l'avais critiqué.

Berchoux.

MORT D'ADRASTE.

L'impie Adraste, trop longtemps souffert sur la terre,
trop longtemps, si les hommes n'eussent eu besoin d'un tel
châtiment, l'impie Adraste ; touchait enfin à sa dernière
heure Il court, forcené ; au-devant de son inévitable
destin : l'horreur, les cuisants remords, la consternation, la

fureur, la rage, le désespoir, marchent avec lui. A peine voit-il Télémaque, qu'il croit voir l'Averne qui s'ouvre, et les tourbillons de flammes, qui sortent du noir Phlégeton, prêtes à le dévorer. Il s'écrie, et sa bouche demeure ouverte, sans qu'il puisse prononcer aucune parole : tel qu'un homme dormant, qui, dans un songe affreux, ouvre la bouche et fait des efforts pour parler ; mais la parole lui manque toujours, et il la cherche en vain. D'une main tremblante et précipitée, Adraste, lance son dard contre Télémaque. Celui-ci, intrépide, comme l'ami des dieux, se couvre de son bouclier ; il semble, que la Victoire, le couvrant de ses ailes, tient déjà, une couronne suspendue au-dessus de sa tête : le courage doux et paisible, reluit dans ses yeux ; on le prendrait pour Minerve même, tant il paraît sage et mesuré, au milieu des plus grands périls. Le dard lancé par Adraste, est repoussé par le bouclier. Alors Adraste, se hâte de tirer son épée, pour ôter au fils d'Ulysse l'avantage de lancer son dard à son tour. Télémaque, voyant Adraste l'épée à la main, se hâte de la mettre aussi, et laisse son dard inutile.

Quand on les vit ainsi, tous deux, combattre de près, tous les autres combattants, en silence, mirent bas les armes, pour les regarder attentivement, et on attendit de leur combat, la décision de toute la guerre. Les deux glaives, brillants comme les éclairs d'où partent les foudres, se croisent plusieurs fois, et portent des coups inutiles sur les armes polies, qui en retentissent. Les deux combattants, s'allongent, se replient, s'abaissent, se relèvent tout à coup, et enfin, se saisissent. Le lierre, en naissant au pied d'un ormeau, n'en serre pas plus étroitement le tronc dur et noueux par ses rameaux, entrelacés jusqu'aux plus hautes branches de l'arbre, que ces deux combattants se serrent l'un l'autre. Adraste, n'avait encore rien perdu de sa force ; Télémaque, n'avait pas encore toute la sienne. Adraste fait plusieurs efforts, pour surprendre son ennemi, et pour l'ébranler. Il tâche de saisir l'épée du jeune Grec, mais en vain : dans le moment où il la cherche, Télémaque l'enlève de terre, et le renverse sur le sable. Alors cet impie, qui avait toujours méprisé les dieux, montre une lâche crainte de la mort : il a honte, de demander la vie, et il ne peut s'empêcher de témoigner qu'il la désire : il tâche d'émouvoir la compassion de Télémaque. « Fils d'Ulysse, dit-il, enfin c'est maintenant que je connais les justes dieux ; ils me punissent, comme je l'ai mérité : il n'y a que le malheur qui ouvre les yeux des hommes pour voir la vérité ; je la vois, elle me condamne. Mais qu'un roi malheureux vous fasse souvenir de votre père, qui est loin d'Ithaque, et touche votre cœur. »

Télémaque, qui, le tenant sous ses genoux, avait le glaive déjà levé pour lui percer la gorge, répondit aussitôt : « Je n'ai voulu que la victoire et la paix, des nations que je suis venu secourir ; je n'aime point à répandre du sang. Vivez donc, ô Adraste ! mais vivez pour réparer vos fautes : rendez tout ce que vous avez usurpé : rétablissez le calme et la justice sur la côte de la grande Hespérie, que vous avez souillée par tant de massacres et de trahisons ; vivez, et devenez un autre homme. Apprenez par votre chute, que les dieux sont justes, que les méchants sont malheureux ; qu'ils se trompent, en cherchant la félicité dans la violence, dans l'inhumanité et dans le mensonge ; qu'enfin, rien n'est si, doux ni si heureux que la simple et constante vertu. Donnez-nous pour ôtages votre fils Métrodore, avec douze des principaux de votre nation. »

A ces paroles, Télémaque laisse relever Adraste, et lui tend la main, sans se défier de sa mauvaise foi ; mais aussitôt Adraste lui lance un second dard fort court qu'il tenait caché. Le dard était si aigu, et lancé avec tant d'adresse, qu'il eût percé les armes de Télémaque, si elles n'eussent été divines. En même temps Adraste, se jette derrière un arbre, pour éviter la poursuite du jeune Grec. Alors celui-ci s'écrie : « Dauniens, vous le voyez, la victoire est à nous ; l'impie ne se sauve que par la trahison. »

En disant ces paroles, il s'avance vers les Dauniens, et fait signe aux siens, qui étaient de l'autre côté de l'arbre, de couper le chemin au perfide Adraste. Adraste, craint d'être surpris, fait semblant de retourner sur ses pas, et veut renverser les Crétois qui se présentent à son passage ; mais tout à coup, Télémaque, prompt comme la foudre que la main du père des dieux lance du haut Olympe sur les têtes coupables, vient fondre sur son ennemi ; il le saisit d'une main victorieuse ; il le renverse, comme le cruel aquilon ; abat les tendres moissons qui dorent la campagne. Il ne l'écoute plus, quoique l'impie, ose encore une fois, essayer d'abuser de la bonté de son cœur : il enfonce son glaive, et le précipite dans les flammes du noir Tartare, digne châtiment de ses crimes.

Fénelon.

PRIAM AUX PIEDS D'ACHILLE.

Mercure alors, s'élance sur le char de Priam ; il prend les rênes d'une main, l'aiguillon, de l'autre, et anime les coursiers d'une nouvelle ardeur. Bientôt, ils touchent à la muraille qui défend la flotte des Grecs. Les gardes apprêtaient leur repas du soir ; le Dieu, répand le sommeil sur leurs paupières ; les portes s'ouvrent, et l'enceinte, reçoit Priam et ses trésors.

Enfin, ils arrivent à la tente d'Achille ; le dieu, s'élance à terre : « O vieillard, dit-il à Priam, je suis un immortel, je suis Mercure ; Jupiter, m'avait ordonné de guider tes pas jusqu'en ces lieux. Je viendrai bientôt te reprendre, pour te remener dans tes murs.

Ayant ainsi parlé, Mercure s'envole vers l'Olympe. Priam, descend de son char, et laisse aux soins d'Idée ses mules et ses chevaux ; il marche vers la tente d'Achille. Le héros chéri de Jupiter, était assis ; ses compagnons d'armes, se tenaient à l'écart. Seuls à ses côtés, le vaillant Automédon, et Alcime, fils de Mars, le servaient en silence ; il venait d'achever son repas, et la table, était encore dressée.

Invisible pour eux, le magnanime Priam, entre, s'approche d'Achille, embrasse ses genoux, et baise les mains terribles, meurtrières, qui ont donné la mort à ses fils. Achille, à son aspect, demeure *frappé* de surprise, ses guerriers interdits, se regardent en silence, et Priam, lui adresse, ces paroles suppliantes :

« Souviens-toi de ton père, ô Achille, héros semblable aux dieux ; il est de mon âge, et descend, comme moi, la pente rapide de la vieillesse. Peut-être, en ce moment, des voisins ennemis, le pressent de toutes parts, et personne, n'est auprès de lui, pour repousser le danger qui le menace,

Du moins, il sait que tu respires, et cette pensée réjouit son cœur; chaque jour il espère voir son fils chéri, revenu des champs de Troie. Mais moi, père infortuné, j'avais donné le jour à des fils vaillants, défenseurs de mon empire, et je les ai perdus. J'en comptais cinquante, lorsque les enfants de la Grèce abordèrent sur ces rivages. L'impitoyable Mars, a frappé la plupart d'entre eux; il m'en restait un seul, dernier espoir de ses concitoyens : Hector, mon *cher* Hector, vient de tomber sous tes coups, en défendant sa patrie. C'est pour te le redemander, que j'ai osé pénétrer dans le camp des Grecs, je viens racheter sa dépouille, et t'offrir de nombreux présents. Respecte les dieux, ô Achille, et que le souvenir de ton père, t'inspire de la pitié pour moi. Hélas ! je suis plus à plaindre que lui, puisque, par un excès de misère, qui ne frappa jamais aucun autre mortel, je suis réduit, à *presser* contre mes lèvres, les mains, qui ont donné la mort à mes fils. »

Il dit, le souvenir d'un père, réveille au cœur d'Achille, la tendresse et le regret : de la main, il repousse doucement le vieillard; tous deux gémissent. Priam, prosterné aux pieds d'Achille, pense au vaillant Hector, et verse d'abondantes larmes ; Achille, pleure, tour à tour, son père, qu'il ne doit plus revoir, et l'ami qu'il a perdu. La tente, retentit de leurs plaintes et de leurs sanglots.

Enfin, rassasié de larmes, le héros, regarde l'infortuné monarque ; à la vue de ses cheveux blancs, il se sent ému de pitié ; il s'élance de son siége, et tend la main au vieillard, pour le relever : « Malheureux, lui dit-il, que de douleurs, accablent ta vieillesse ! Comment, as-tu osé venir, seul, au milieu d'une armée ennemie, et paraître devant un homme, qui t'a ravi tant de fils valeureux. Il faut, que ton cœur soit armé d'acier. Viens, viens t'asseoir près de moi ; laissons reposer nos douleurs au fond de nos âmes : des larmes inutiles, ne changeront point notre destinée. Les dieux, ont formé de peines, le cercle de nos jours ; eux seuls, jouissent d'une félicité inaltérable. Deux tonneaux, sont placés sur le seuil du palais de Jupiter ; de l'un, coule le bonheur, de l'autre, les disgrâces. Si ce dieu, pour composer notre vie, puise également dans tous les deux, le bien et le mal dominent tour à tour ; mais, s'il n'a puisé que dans le tonneau funeste, le *malheur* sans cesse nous poursuit ; abandonnés des dieux et des hommes, l'infortune assiége notre enfance, et nous conduit jusqu'au tombeau.

« Le Ciel, prodigue pour mon père, l'avait comblé de ses faveurs ; il s'élevait au-dessus de tous les hommes par ses richesses et sa puissance ; il régnait sur la Thessalie, et il avait une déesse pour épouse. Mais Jupiter, a *versé* sur lui la douleur : il n'a point vu, dans son palais, croître des enfants, héritiers de sa puissance. Il n'eut qu'un fils, qui doit périr d'une mort prématurée. Si, du moins, j'avais pu le soigner dans ses vieux jours ; mais hélas ! loin de ma patrie, les destins me retiennent sur le rivage de Troie, pour être le fléau de ta vieillesse, et le meurtrier de tes enfants.

« Et toi, déplorable vieillard, l'univers vantait ta félicité ; des rives de Lesbos jusqu'au fond de la Phrygie, s'étendait ta puissance ; il n'était point de père plus heureux que toi ; mais, depuis que les dieux ont épanché sur ta tête, l'urne de l'adversité, ton empire, n'offre plus à tes regards, que des combats et des funérailles. Relève ton courage, et ne livre pas ton âme, à une douleur éternelle, qui te serait funeste, sans être utile à ton fils ; tes larmes ne lui rendront point la vie. »

« Laisse-moi, fils des dieux, dit Priam, laisse-moi, prosterné à tes pieds. Je ne veux pas m'asseoir, pendant que mon Hector, privé de sépulture, est étendu sur la poussière ; rends le-moi, sans tarder, que mes yeux puissent le revoir et le baigner de larmes. Reçois la rançon que je t'apporte, et jouis de mes trésors. Que les dieux te ramènent dans ta patrie, pour te récompenser d'avoir épargné mes jours. »

Achille, lançant sur Priam de sombres regards : « Vieillard, ne m'irrite pas davantage ; je te rendrai ton fils ; Thétys, ma mère, est venue me l'ordonner, au nom de Jupiter. Je connais, Priam, la main qui t'a conduit ; c'est un dieu, qui a guidé tes pas jusqu'à mes vaisseaux ; mais ne m'importune plus de tes douleurs ; crains que, dans ma tente je ne respecte pas un suppliant, et que je ne viole les lois de Jupiter. »

Il dit : le vieillard, fut saisi de crainte, et garda le silence. Achille, comme un lion, s'élance hors de sa tente ;

deux de ses compagnons le suivent, Automédon , et Alcime ,
qui, depuis la mort de Patrocle, tiennent auprès de lui le
premier rang. Ils détellent les chevaux et les mulets du
vieux monarque, amènent Idée avec eux , le font asseoir, et
retournent prendre sur le char , les riches présents , destinés
à racheter la dépouille d'Hector ; mais ils y laissent deux
manteaux, et une tunique d'un tissu précieux, pour enve-
lopper le cadavre , qui sera transporté dans sa patrie.
Achille , ordonne , que les femmes lavent le corps, et fassent
couler de l'huile sur tous les membres, mais , dans un lieu
secret , et loin des regards de Priam. Il craint , qu'à la vue
de son fils , le père ne puisse contenir ses transports, et que
lui-même, impatient de ses plaintes, ne viole les ordres de
Jupiter , en immolant le vieillard à sa fureur.

Le corps , lavé et parfumé , a été revêtu de l'un des
manteaux et de la tunique. Achille , lui-même , le prend
dans ses bras, et le dépose sur le lit , préparé pour le recevoir ; ses compagnons le portent sur le char. Alors , le
fils de Pelée , d'une voix gémissante, appelle son ami « Pardonne, ô Patrocle, si tu apprends dans les enfers , que j'ai

rendu le noble Hector à son père : des présents , dignes de moi , ont payé sa rançon, et j'en ferai une offrande à tes manes. »

Il dit, et va se rasseoir sous sa tente : « Ton fils t'est rendu, comme tu le voulais, dit-il à Priam ; demain, au retour de l'aurore, tes yeux le reverront ; et tu pourras le ramener à Troie. Maintenant , pense à prendre de la nourriture. Niobé , elle-même, qui vit périr ses douze enfants sous les flèches d'Apollon, put encore prendre des aliments , après avoir épuisé ses larmes. Et toi aussi, vieillard infortuné, cède comme elle aux tristes nécessités de la vie. Tu pleureras ensuite ton fils, en le rapportant à Troie ; il mérite , d'être longtemps pleuré. »

Il dit, et il court égorger une blanche brebis ; ses compagnons , l'apprêtent , et la font rôtir ; Automédon , apporte le pain dans d'élégantes corbeilles ; Achille , découpe les viandes , et offre à Priam les morceaux les plus délicats. Quand le repas est fini , Achille parle en ces termes au vieillard : « Dis-moi , combien de jours tu destines aux funérailles d'Hector, afin que pendant ce temps je me repose , et contienne mes guerriers. »

— « Ah ! s'écrie le monarque, en agissant ainsi, ô Achille, tu satisfais à mon vœu le plus cher. Tu le sais, la forêt qui doit fournir le bois du bûcher , est loin de nos murailles, et les Troyens, captifs dans Ilion, craignent d'en sortir. Si tu le permets, pendant neuf jours, renfermés dans mon palais, nous pleurerons sur le corps de mon fils; le dixième jour , il sera consumé par les flammes, et mon peuple , célèbrera le repas funèbre ; le onzième jour , verra s'élever son tombeau, et, s'il le faut, la douzième aurore , éclairera de nouveaux combats. — Va, dit Achille, tout se fera , comme tu le désires, et je suspendrai la guerre , pendant tout le temps dont tu as besoin. »

Il dit, et pour gage de sa foi, il met sa main droite dans celle du vieillard.

Homère (Iliade).

MORT DE PRIAM,

FRAGMENT DU IIᵉ LIVRE DE L'ÉNÉIDE.

Devant le vestibule du palais de Priam , bondit Pyrrhus aux armes étincelantes. Tel, brille , à la lumière , un serpent, nourri d'herbes malfaisantes, qui, longtemps engourdi sous la brume glacée, vient de se dépouiller de sa robe d'hiver : brillant de jeunesse, il déroule les anneaux de son corps flexible, et redresse la tête aux feux du soleil, en dardant le triple aiguillon de sa langue empoisonnée.

A ses côtés, l'énorme Périphas, Automédon, le conducteur des chevaux d'Achille, et toute la jeunesse de Scyros, s'approchent du portique, et lancent vers le faîte des brandons enflammés.

Pyrrhus, à leur tête, armé d'une hache à deux tranchants, frappe la porte à coups redoublés, et ébranle sur leurs gonds, les poteaux d'airain qui l'entourent. Bientôt, les poutres volent en éclats, le dur chêne est brisé, et une large ouverture, permet de voir l'intérieur du palais. Les regards plongent dans les salles profondes, et parcourent avidement l'antique retraite des rois troyens ; mais, sur le seuil, apparaissent des guerriers armés, qui ont serré leurs rangs pour le défendre.

Cependant, au fond de ces tristes demeures, règne un affreux tumulte ; les voûtes retentissent des hurlements des femmes, et leurs lugubres clameurs, montent jusqu'aux astres silencieux.

Les mères éperdues, parcourent le vaste édifice à pas précipités, elles tiennent embrassées les colonnes, qu'elles couvrent de leurs baisers.

Pyrrhus, redouble ses efforts; toute la vigueur de son père exalte son courage. Ni barrières, ni gardes, ne peuvent l'arrêter; la porte chancelle, frappée par les coups rapides du bélier, et les poteaux qui la soutiennent, sont arrachés de leurs gonds.

Le passage est forcé, les Grecs s'élancent, égorgent les gardes, et la foule des guerriers vainqueurs, envahit au loin le palais.

Tel, et moins impétueux, un fleuve écumant, qui a rompu ses digues et vaincu les obstacles qui résistaient à ses flots, se répand furieux dans les campagnes, et entraîne les étables et les troupeaux. J'ai vu de mes yeux, Pyrrhus, ivre de carnage; j'ai vu, les deux Atrides, franchissant le seuil de la maison royale, j'ai vu, Hécube et ses cent filles, j'ai vu Priam, au pied des autels, éteignant de son sang, les feux qu'il avait lui-même consacrés. Les cinquante couches nuptiales, espoir de sa postérité, les superbes lambris, ornés de l'or et des dépouilles de l'Asie, tout est détruit, tout est consumé ; les Grecs occupent les lieux où manque l'incendie.

Vous me demanderez peut-être, quel fut le sort de Priam. Dès qu'il vit la chute de son royaume, ses portes brisées, et l'ennemi, au sein de sa demeure, le vieillard, de ses mains tremblantes, revêt des armes, depuis longtemps abandonnées, il ceint un glaive, inutile, et se dispose, à aller mourir au milieu des ennemis

Dans une cour, au centre du palais, s'élève, sous la voûte céleste, un immense autel. Un antique laurier, étend sur lui ses rameaux, et son ombre, protège les dieux pénates. Là, Hécube et ses filles, comme des colombes timides, qui cherchent un abri contre une noire tempête, se pressaient épouvantées, et embrassaient les statues de leurs dieux.

Quand Hécube, vit Priam, revêtu des armes de sa jeunesse : « Quelle fatale pensée, époux infortuné, dit-elle, t'a porté, à te couvrir de cette armure ? Où veux-tu courir ? Un tel secours, un tel défenseur, ne changeront rien, à notre destinée. Non ! mon Hector lui-même, s'il était ici, ne pourrait nous sauver. Viens t'asseoir près de moi ; cet autel, nous protégera, ou nous y mourrons tous ensemble. »

Ayant ainsi parlé, elle attire le vieillard vers elle, et le fait asseoir au pied de l'autel.

Mais voilà qu'échappé à l'épée meurtrière de Pyrrhus, Polite, un des fils de Priam, fuit à travers les armes, à travers les guerriers, et parcourt, blessé, les vastes salles du palais. L'ardent Pyrrhus, le poursuit, il étend déjà la main pour le saisir, et sa lance va le frapper. Lorsqu'enfin, le malheureux enfant, est arrivé sous les yeux de ses parents, il tombe, percé du coup mortel, et sa vie s'échappe avec les flots de son sang.

En ce moment, Priam, quoique déjà enveloppé des ombres de la mort, ne put retenir sa voix ni sa colère :

« Ah ! barbare ! s'écria-t-il, que les dieux (s'il est au ciel une justice qui punit de tels forfaits), que les dieux te donnent la récompense que tu mérites, toi, qui m'as forcé, d'être le témoin du trépas de mon enfant, et qui as souillé de son sang, les regards paternels. — Mais, cet Achille, dont tu oses te vanter, d'être fils, ne fut pas si cruel envers Priam, son ennemi : il respecta, les droits et la confiance d'un père suppliant, il rendit au tombeau le cadavre d'Hector, et me laissa, retourner en sûreté dans mon royaume. »

Ainsi dit le vieillard, et, d'un bras débile, il lança contre Pyrrhus un javelot, qui, repoussé par l'airain sonore, resta sans force, suspendu au bord de son bouclier. — Pyrrhus, alors : « Tu vas aller trouver Achille mon père, dit-il, n'oublie pas, de lui raconter mes tristes exploits, et de lui peindre son fils dégénéré ; maintenant, meurs !!! » Il dit, et traîne au pied de l'autel, le vieillard, qui chancelle, et dont le pied, glisse dans le sang de son fils ; d'une main, il le saisit par les cheveux, et de l'autre, tirant son glaive étincelant, il l'enfonce, jusqu'à la garde, dans le flanc de sa victime.

Ainsi, finit Priam, ainsi, vit tomber sa ville embrasée, ce dominateur superbe, qui avait régné sur tant de peuples et sur tant de contrées. Son tronc vénérable, gît sans hon-

neur sur le sol ; sa tête y est séparée de ses épaules, et ce
n'est plus, qu'un corps sans nom.

VIRGILE.

FRAGMENT DE L'ENFER,

ÉPISODE D'UGOLIN.

Nota. Ugolin, comte de la Gérardesque, était un noble Pisan
de la faction guelfe ; il s'accorda avec Roger Ubaldini, archevêque de Pise, lequel était Gibelin, pour ôter à Nino Vis-
conti le gouvernement de la ville. Ils y réussirent, et gou-
vernèrent ensemble. Mais bientôt le traître Roger, jaloux de
l'ascendant que son collègue prenait sur lui, voulut le perdre.
Pour y parvenir, il fit courir des bruits qu'Ugolin avait trahi
sa patrie en livrant quelques châteaux aux Florentins et aux
Lucquois, sous couleur de restitution : quand il vit les esprits bien préparés, il vint un jour, suivi de tout le peuple
et précédé de la croix, à la maison du comte, et l'ayant saisi
avec ses quatre enfants, il les fit jeter ensemble dans une
tour. Quelques jours après, il vint lui-même fermer la porte
de la tour, en jeta les clefs dans le fleuve et la fit murer. —
Cette prison fut depuis appelée la *Tour de la faim.*

Le Dante, qui publia son poëme quelque temps après cet
événement, suppose se trouver dans un des *cercles* de l'Enfer, où sont punis les traîtres à la patrie et les perfides ; le

cercle que visite le poëte, est un lac de glace, dans lequel les damnés sont enfoncés jusqu'aux épaules.

Je vis alors, deux hommes glacés dans la même fosse, et fixés de manière qu'une tête, servait de chaperon à l'autre, et, comme un affamé dévore son pain, de même la tête supérieure s'acharnait sur l'inférieure, à l'endroit où le crâne se joint à la nuque.

« Ô toi, m'écriai-je, qui montres, par des signes si féroces, ta haine contre celui que tu manges, apprends-moi la cause de ta rage, afin que si tu te plains de lui avec raison, je puisse, sachant qui vous êtes, et quel est son crime, te venger encore dans le monde qui est au-dessus de nous, si toutefois, la langue avec laquelle je parle, ne se dessèche pas. »

Le pécheur, détacha sa bouche de son atroce repas, et l'essuyant aux cheveux de la tête qu'il avait entamée par derrière, il commença ainsi :

« Tu veux que je renouvelle la douleur désespérée, qui oppresse mon cœur, par le seul souvenir, avant que j'en aie parlé. Mais si mes paroles, doivent être une semence, qui produise l'infamie pour le *traître* que je ronge, tu vas m'entendre parler et pleurer à la fois.

« Je ne sais qui tu es, ni comment tu es descendu ici-bas; mais tu me parais Florentin, à l'entendre parler.

« Tu sauras que je fus le comte Ugolin, et celui-ci l'archevêque Roger; maintenant je te dirai pourquoi je suis pour lui un si cruel voisin.

« Comment, par le succès de ses perfides desseins, au moment où je me fiais à lui, je fus pris et ensuite mis à mort, je n'ai pas besoin de te le raconter. Mais, ce que tu ne peux avoir appris, c'est combien ma mort fut cruelle; tu vas l'entendre, et tu sauras alors si je dois le haïr.

« Le soupirail étroit de la tour qu'on appelle, à cause de moi, la *Tour de la faim*, et dans laquelle, bien d'autres que moi, doivent encore être enfermés, m'avait déjà montré par son ouverture plus d'un jour, quand je fis un songe funeste, qui déchira pour moi le voile de l'avenir.

« Celui-ci me paraissait, tel qu'un maître et seigneur, chassant un loup et ses louveteaux vers la montagne qui empêche les Pisans de voir Lucques; les Guaslandi, les Sismondi, et les Lanfranchi, marchaient en avant, et de front, avec des chiennes maigres, ardentes et agiles. Après une courte poursuite, je voyais épuisés, le père et les petits, et je voyais les dents aiguës des chiennes, leur ouvrir les flancs.

« Quand je fus éveillé, avant l'aurore, j'entendis mes petits enfants, qui étaient avec moi, pleurer au milieu de leur sommeil, et demander du pain. Tu es bien *cruel*, si déjà tu ne gémis, en prévoyant ce qui s'annonçait à mon cœur ; et si tu ne pleures, de quoi, pourrais-tu pleurer ?

« Déjà, les enfants étaient éveillés, et l'heure s'approchait, où l'on avait coutume de nous apporter la nourriture. Mais chacun de nous, à cause de son rêve, était dans le doute ; et moi, j'entendis clouer en bas, la porte de l'horrible tour : alors, je regardai en face, mes enfants, sans prononcer une parole. Je ne pleurais pas, tant je me sentais, au dedans de moi, devenir de pierre ; ils pleuraient, eux, et mon petit Anselme, s'écria : Comme tu nous regardes ! père, qu'as-tu ? Cependant je ne pleurai point, et je ne répondis rien, pendant toute cette journée, et la nuit d'ensuite. jusqu'à ce qu'un autre soleil, revînt éclairer le monde.

« Lorsqu'un faible rayon eut pénétré dans la prison douloureuse, et que je vis, sur leurs quatre visages, le désespoir qui était sur le mien, je me mordis les deux mains de douleur, et ceux-ci, croyant que je le faisais par besoin de manger, se levèrent tout à coup, et me dirent : Père, tu nous feras bien moins de mal, si tu manges de nous ; tu nous a revêtus de ces chairs misérables ; viens-donc nous en dépouiller. — Je m'appaisai, alors, pour ne pas les contrister davantage. Ce jour, et le suivant, nous restâmes tous muets... Ah ! terre, terre cruelle, pourquoi ne t'es-tu pas ouverte ?

« Quand nous fûmes arrivés au quatrième jour, Gaddo, se jeta, étendu à mes pieds, en disant : Mon père, pourquoi, ne viens-tu pas à mon aide ? Puis, il mourut, et comme tu me vois, j'ai vu tomber les trois autres, un à un, entre la cinquième et la sixième journée. Alors, déjà aveugle, je me jetai à tâtons sur chacun d'eux, et, deux jours après leur trépas, je les appelais encore ; ensuite, la faim, fut plus puissante que la douleur. »

Quand il eut ainsi parlé, roulant les yeux, il reprit le

malheureux crâne avec ses dents, qui s'appliquèrent à l'os, fortes comme celles d'un chien.

Ah ! Pise, opprobre des nations du beau pays où le *si* résonne, puisque tes voisins sont lents à te punir, que les îles de Gorgone et de Caprée s'ébranlent, et élèvent une digue, à l'embouchure de l'Arno, de sorte que ce fleuve, refluant sur toi, submerge tous tes habitants. Si le comte Ugolin, était accusé d'avoir livré tes châteaux, tu ne devais pas attacher les enfants à la croix de leur père. Leur tendre jeunesse, faisait leur innocence.

FRAGMENT DE LA HARANGUE DE DÉMOSTHÈNE

POUR LA COURONNE.

Démosthène, qui, sans magistrature légale, était en effet le premier magistrat d'Athènes, et même des républiques alliées, puisqu'il gouvernait tout par ses conseils, et animait tout par son éloquence, avait seul fait décréter la guerre contre Philippe, et la guerre avait été malheureuse. On savait bien qu'il n'y avait pas de sa faute ; mais enfin, le malheur, qui aigrit les hommes, ne les rend-il pas injustes ? Le ressentiment n'est-il pas quelquefois aveugle ? N'est-on pas naturellement trop porté à s'en prendre à celui qui est la cause, innocente ou non, de nos infortunes ? Et, supposé qu'on lui pardonne, n'est-ce pas du moins tout ce qu'on peut faire ? Est-on bien disposé d'ailleurs à le récompenser et à l'honorer ? C'était là l'espérance d'Eschine, et le fort de son accusation, le mobile de toutes ses attaques. Il paraît même qu'il n'avait osé hasarder tant de mensonges et de calomnies que dans la persuasion où il était qu'il accablerait Démosthène du poids des désastres publics, de manière à ce qu'il ne pût s'en relever ; et c'est dans ce sens que la harangue *pour la Couronne* est d'autant plus admirée, qu'il y avait plus de difficultés à vaincre. Tous les événements étaient contre l'orateur ; l'essentiel était de se sauver par l'intention, ce qui n'offrait pas une matière aussi facile que celle d'Eschine. Celui-ci avait à sa disposition tous ces lieux communs qui sont si puissants dans l'éloquence, quand l'application en est sous nos yeux : le sang des citoyens répandu, la dévastation des campagnes, la ruine des villes, le deuil des familles, et tant d'autres objets déplorables, qu'il étale et développe avec tout ce que l'art a de plus insidieux, tout ce que l'indignation a de plus amer, tout ce que la haine a de plus perfide. Je ne m'occupe point ici des moyens de toute espèce que lui oppose Démosthène. Je m'arrête à notre objet actuel, au raisonnement oratoire. Distinguer l'intention du fait, était bien facile, mais ne suffisait pas à beaucoup près. Il fallait tellement la séparer de l'événement, la caractériser par des traits si frappants et si nobles, que Démosthène et les Athéniens parussent encore grands quand tout avait tourné contre eux. Démosthène prend un parti dont la seule conception prouve la force de sa tête et les ressources de son génie. Il nie formellement qu'il ait été vaincu : il affirme qu'il a été vainqueur, qu'il a réellement triomphé de Philippe ; et, ce qui est encore plus fort, il le prouve. Écoutons-le s'adresser à Eschine :

« Malheureux ! si c'est le désastre public, qui te donne de l'audace, quand tu devrais en gémir avec nous, essaie donc de faire voir, dans ce qui a dépendu de moi, quelque chose, qui ait contribué à notre malheur, ou qui n'ait pas dû le prévenir. Partout où j'ai été en ambassade, les envoyés de Philippe, ont-ils eu quelque avantage sur moi ? Non, jamais ; non, nulle part, ni dans la Thessalie, ni dans la Thrace, ni dans Bysance, ni dans Thèbes, ni dans l'Illyrie. Mais ce que j'avais fait, par la parole, Philippe, le détruisait, par la force ; et tu t'en prends à moi ! et tu ne rougis pas, de m'en demander compte ! Ce même Démosthène, dont tu fais un homme si faible, tu veux, qu'il l'emporte sur les armées de Philippe : et avec quoi ? Avec la parole ? car il n'y avait que la parole, qui fût à moi : je ne disposais, ni des bras, ni de la fortune de personne : je n'avais aucun commandement militaire, et il n'y a que toi, d'assez insensé, pour m'en demander raison. Mais que pouvait, que devait faire, l'orateur d'Athènes ? Voir le mal dans sa naissance, le faire voir aux autres, et c'est ce que j'ai fait ; prévenir, autant qu'il était possible, les retards, les faux prétextes, les oppositions d'intérêts, les méprises, les fautes, les obstacles de toute espèce, trop ordinaires entre les ré-publiques alliées et jalouses, et c'est ce que j'ai fait ; opposer à toutes ces difficultés, le zèle, l'empressement, l'amour du devoir, l'amitié, la concorde, et c'est ce que j'ai fait Sur aucun de ces points, je défie qui que ce soit, de me trouver en défaut ; et si l'on me demande, comment Philippe l'a emporté, tout le monde répondra pour moi : Par ses armes, qui ont tout envahi, par son or, qui a tout corrompu. Il n'était en moi, de combattre, ni l'un ni l'autre ; je n'avais ni trésors, ni soldats. Mais, pour ce qui est de moi, j'ose le dire, j'ai vaincu, Philippe ; et comment ? en refusant ses lar-gesses, en résistant à la corruption. Quand un homme, s'est laissé acheter, l'acheteur peut dire, qu'il a triomphé de lui ; mais celui, qui demeure incorruptible, peut dire, qu'il a triomphé du corrupteur. Ainsi donc, autant qu'il a dépendu de Démosthène, Athènes, a été victorieuse, Athènes, a été invincible. »

N'est-ce pas là le chef-d'œuvre de l'argumentation oratoire ? N'entendez-vous pas d'ici les acclamations qui ont dû suivre un si beau morceau ? Et ne concevez-vous pas que rien n'a dû résister à un génie de cette force ? Remarquez toujours, ce que je ne saurais faire remarquer trop souvent, que, pour employer des moyens de ce genre, il faut les trouver dans son âme ; elle seule peut les donner : l'art peut apprendre à les disposer et à les orner, mais il ne saurait les fournir. C'est à l'orateur surtout que s'applique ce mot heureux, et si souvent cité, de Vauvenargues : « Les grandes pensées viennent du cœur. » Je dirai donc à celui qui voudra devenir éloquent : Commencez par être bon citoyen, c'est-à-dire un honnête homme ; car l'un ne va pas sans l'autre. Aimez-vous, avant tout, la patrie, la justice et la vérité ? Vous sentez-vous incapable de les trahir jamais pour quelque intérêt que ce soit ? La seule idée de flatter un moment le crime ou de méconnaître la vertu vous fait-elle reculer de honte et d'horreur ? Si vous êtes tel, parlez, ne craignez rien. Si la nature vous a donné du talent, vous pourrez tout faire ; si elle vous en a refusé, vous ferez encore quelque chose, d'abord votre devoir, ensuite un bien réel, celui de donner un bon exemple aux autres, et à la bonne cause un défenseur de plus.

LAHARPE (*Cours de Littérature*).

FRAGMENT D'UN DISCOURS DE CICÉRON

CONTRE VERRÈS.

« Les innocents sont condamnés, on les traîne dans les cachots, on prépare leur supplice ; mais il faut que ce supplice commence dans leurs malheureux parents. On leur interdit la vue de leurs enfants ; on défend de leur porter des vêtements et de la nourriture. Ces pères infortunés, qui sont ici devant vous, étaient étendus sur le seuil de la prison ; de malheureuses mères y passaient la nuit dans les pleurs, sans pouvoir obtenir les derniers embrassements de leurs enfants ; elles demandaient pour toute grâce qu'il leur fût permis de recueillir leurs derniers soupirs, et le demandaient en vain. Là veillait le gardien des prisons, le bourreau de Verrès, la terreur des alliés et des citoyens, le licteur Sestius, qui s'établissait un revenu sur les douleurs et les larmes de tous ces malheureux. — Tant, pour visiter votre fils, tant, pour lui donner de la nourriture : personne ne s'y refusait. — Que donnerez-vous, pour que d'un seul coup de hache , je tranche la tête de votre fils ? Pour qu'il ne souffre pas longtemps ? Pour qu'il ne soit pas frappé plusieurs fois ? Pour qu'il ne se sente pas mourir ? Toutes ces grâces , étaient taxées , et payées à prix d'or. O tyrannie atroce ! ô *douleur* intolérable ! ce n'était pas la vie que l'on marchandait, c'était une mort , plus prompte et moins cruelle ! Les prisonniers eux - mêmes , composaient avec Sestius , pour ne recevoir qu'un seul coup ; ils demandaient à leurs parents, comme une dernière marque de leur tendresse, de payer cette faveur à l'impitoyable Sestius. Est-ce assez de tourments ? la mort en sera-t-elle au moins le terme ? la barbarie peut-elle s'étendre au-delà ? Oui : quand ils auront été exécutés, leurs corps seront exposés aux bêtes féroces. Si c'est pour les parents un malheur de plus, qu'ils achètent , le droit d'ensevelir leur fils.

TABLE DES MATIÈRES.

ÉLÉGIES.

POÉSIE LYRIQUE.

POÉSIES DIVERSES.

POÉSIE DRAMATIQUE.

MORCEAUX DE PROSE.

Paris, Imp. de Paul Dupont, rue de Grenelle-Saint-Honoré, 45.

www.ingramcontent.com/pod-product-compliance
Lightning Source LLC
LaVergne TN
LVHW051105060726
842525LV00003B/791